日韓記者・市民セミナー　ブックレット 14

関東大震災朝鮮人虐殺から百年 問われる日本社会の人権意識

＊目次＊

はじめに

日韓記者・市民セミナー　ブックレット第14号は、「関東大震災朝鮮人虐殺から百年　問われる日本社会の人権意識」をテーマにしました。

「虐殺百年」の節目の九月一日に韓国民団や朝鮮総連など民族団体の他、日本の市民団体主催の追悼式が開かれました。史実を決して風化させず、記憶と記録に残し、今なお為されていない被害者への謝罪を求めるものでした。

日本人も犠牲になった事実を描いた映画「福田村事件」も今年公開され、関東大震災の悲劇が一般にも知られる契機になったことも百年ならではと言えるでしょう。

朝鮮人などの大量虐殺は偶発的に起きたのではなく、大震災に乗じて国家権力が「自警団」を組織し、彼らを中心に強行されたジェノサイドだったことが明らかになってきました。朝鮮人敵視政策が前代未聞の官民挙げての殺りくにエスカレートしたとの指摘もあります。

非常事態から百年の今を生きる私たちが自覚しなくてはならないのは、二度と同じ過ちを繰り返さないこと、非人道の象徴であるヘイトスピーチで隣人を貶《おとし》め、ヘイトクライムで死の危険にさらさないことです。

しかし、日本政府は百年前の蛮行をいさぎよく認めようとしないどころかひた隠しに躍起になっているとしか言いようがありません。「証拠もない。新たに調査する必要もない」という不誠実な態度に終始しています。お上に従うかのように民間の犠牲者追悼碑にも朝鮮人という主語を抜きにしているのもその表れと言えます。

「群馬の森」の朝鮮人労働者追悼碑も「強制労働」を「労務動員」に書き換えさせた経緯があり、紆余曲折の後に設置許可を更新しないとの決定に至りました。歴史歪曲から事実隠蔽の流れに沿っていると言っても過言ではありません。

呉充功さんは映画学校の卒業制作で関東大震災の問題に取り組み始めました。以来今日まで四〇年以上も真摯に虐殺の現場に向き合い、生き残った在日一世や被害者遺族から聞き取り調査を実施しながら、ドキュメンタリーを世に問うてきました。「一口に百年と言っても一人の人間が犠牲になった過程、家族の歴史がある。その重みを感じる」と語ります。

映画『払い下げられた朝鮮人』では、「保護」の名目で習志野収容所に集められた約三五〇〇人の朝鮮人を「くれてやるから取りに来い」と憲兵が命じ、村人が朝鮮人を物のように受け取り、惨殺する下りが出てきます。

コリアンルーツの小説家・深沢潮さんは『李の花は散っても』の執筆で「百年前と今との共通点がどこにあるか。日本は宗主国的発想が百年たった今でもあるのではないか。朝鮮半島を劣ったものとして見下しているのではないか」と問いかけています。新聞記事の中にも「韓国を発展した民主国家として認めたくないのではないか。北朝鮮に対してはどんな暴言も許されるという言葉の暴力性は百年前と変わらず、うっすらと共有されている意識ではないか」と感じることが多いと吐露しています。

指紋押捺を拒否することで在日として生きていく覚悟をしたピアニストの崔善愛さん。ショパンを弾き、ショパンについて語ることが多くなったのは「朝鮮半島の歴史とポーランドの歴史が重なる部分が多いから」と述べます。指紋を拒否したことで再入国不許可の仕打ちを受け、生まれ育った故郷に帰れなくなったこともありました。渡米の夢を果たすことが協定永住権さえ奪われる罪に価するものでしょうか。指紋押捺の是非を争う裁判闘争は昭和天皇の死によって「恩赦」になり、うやむやの幕引きとなりました。

「ヘイトスピーチをする場を与えているのが今の政治。政治がどんどんひどくなっている」と告発しています。

呉監督も深沢さんも祖父が関東大震災で自警団に殺されかけたと証言しています。私たちの身近に当事者の末裔がいる事実を前にして、「なかったことにしよう」で済まされるはずがありません。日本国憲法前文に謳う「われらは平和を維持し、専制と隷従、圧迫と偏狭を地上から永遠に除去しようと努めている国際社会において、名誉ある地位を占めたいと思う。（中略）全世界の国民が、ひとしく恐怖と欠乏から逃れ、平和のうちに生存する権利を有することを確認する」との崇高な精神をこの社会で実践してほしいと願わずにいられません。

二〇二三年一〇月三〇日

一般社団法人ＫＪプロジェクト代表　裵哲恩（ペー・チョルン）

第1講　関東大震災朝鮮人虐殺から百年
歴史の隠蔽を撃つ

呉　充功——映画監督

講演会の冒頭、呉充功監督の映画、『隠された爪跡』『払い下げられた朝鮮人』『九三年の沈黙1923ジェノサイド』のダイジェスト版が上映されました。

＊＊＊

これまでの映画制作と、今やっていることをお話ししようと思います。

今上映したダイジェスト版の最後のシーンは、韓国の被害者遺族の話です。二〇一二年から、足掛一一年をかけて、韓国と日本の間を行き来しながらお会いした遺族の物語です。今年の七月にも行ってきました。みなさんお元気でしたが、お歳が八〇歳を超えている人が多いんです。犠牲者の甥御さんやお孫さんの世代です。今年の九月には、日本に来ていただきたいと思って会ってきました。今のところ二人から四人が、今年の百年の追悼式に来てくれるかなと思っています。

■制作の経過と取材のなかで感じたこと

今年は関東震災朝鮮人虐殺から百年になります。一口に「百年」と言っても、一人の人間が犠牲に至った過程と、故郷で待っていた家族の歴史があるわけです。その重みを遺族を通して感じました。中には関東大震災で虐殺された方の弟さんが、後に日本に強制連行され、日本の敗戦後に韓国に戻った人がいました。広島で被爆して密航船で故郷へ帰る船の中で長男を亡くし本人も後に後遺症で亡くなりました。

私の映画『隠された爪跡』の主人公で、在日の曺仁承（チョ・インスン）さんは、震災前、生まれ育った朝鮮の故郷の慶尚道居昌郡居昌邑で、三・一運動に参加した村人たちを日本軍の憲兵が殺すのを目撃しています。曺仁承さんは関東震災で危うく助かりましたが、脚に傷を負ったため震災後の生活が大変でした。治療も賠償もしてくれない。賃金も下がってしまいました。

＊北海道とサハリンの遺骨奉還

日本の敗戦と朝鮮の独立七〇年（二〇一五年）の時に、殿平善彦さんという北海道の住職が中心になり、東アジアから集まった若者の手で故郷韓国へ七〇年ぶりに遺骨奉還が行われました。北海道には、強制連行もしくは徴用されて、ダムや鉱山で犠牲になった朝鮮人の遺骨が埋められたままになっていたんです。

どこに埋められているかわからないままでしたが、アイヌの人たちに教えてもらいながら遺骨を掘りました。そして戦後七〇年のこの時に、一一五体でしたか、東アジアから集まった若者たちの手で、七十余年ぶりに遺骨奉還が行われました。

ちょうどその時に、韓国には別の遺骨が帰ってきました。サハリンに取り残され、離散家族になった人々の遺骨でした。

日本はサハリンで石炭を掘るために朝鮮人を強制連行しましたが、その後米軍が北海道とサハリン（樺太）の間に機雷を落とすものですから石炭を本土に運べなくなりました。それで日本は、朝鮮人の炭鉱夫を、常磐炭鉱だったり北海道や九州に「二重強制連行」したんです。

でも朝鮮人家族は一緒に本土に行くことはできず、サハリンに残されたままになりました。日本人は敗戦後にサハリンから日本へ帰っていますが…。他方、常磐炭鉱や北海道に行った朝鮮人鉱夫は、そこで亡くなったり、生き残ったとしても家族が待つサハリンには帰れないということが起こりました。

サハリンに残された人の遺骨は、北朝鮮出身の方もいますが、ほとんどが韓国の方でした。その遺骨が、韓国とソビエト（ロシア）が国交を結んで何十年かたった後、韓国に帰ってきたんです。

＊隠されてきた虐殺の事実と遺骨

ところが、これと比べても、関東震災の朝鮮人遺体発掘、遺骨奉還は、私の知る限りあまり行われておりません。わずかに、千葉県八千代市の観音寺の例があります。私の第二作（『払い下げられた朝鮮人』）の映画に出てきますが、お寺の近くの習志野収容所に、「保護」の名目で、約三五〇〇人の朝鮮人が収容されました。そして収容所で憲兵が何人かを選び、軍隊が近くの村々に、「朝鮮人をくれてやるから取りに来い」とふれてまわりました。

変な言葉ですね。朝鮮人は物じゃないですよ。「くれてやるから取りに来い」、こう言って部落に分けました。

映画『払い下げられた朝鮮人』に、日本の老人が出てきます。「どういうふうに死にたいのか」というところです。私は後で思ったんですが、この君塚さんというお爺さんと殺された朝鮮人とは、日本語の会話が少しできていたのではないかと思われます。「お酒を飲みたい」、どのように死にたいかと聞いたら「鉄砲で殺してくれ」話しました。ただ、名前や、どこから来たのか、故郷はどこなのか、そういう会話は確認できていません。

日本には関東震災朝鮮人虐殺に関して、約二十一カ所ほど追悼碑があります。多くは「朝鮮人」とは記されていないんです。刻まれているものがありますが、ほんのわずかです。それも碑の下に遺骨があるのかないのかハッキリしないものが多いです。

＊卒業制作と曺仁承さんとの出会い

私は映画を作るにあたって、いろいろ苦しみました。五歳の時から耳が悪くて、もともと映画監督になるつもりはなかったんです。

今村昌平さんの映画学校にシナリオの勉強に行ったとき、墨田区の荒川河川敷で、たまたま関東震災のときに軍隊や自警団に殺された朝鮮人の遺骨を発掘する運動が始まったんです。関東震災五九周年の時のことです。

私はそれを、映画学校の卒業制作で取り組みました。残念ながら遺骨は発見できず、映画も完成できなかったんです。それで卒業後にさらに一年半かけて取り組みました。私を含めて在日朝鮮人が三人、日本人の青年が八人のチームでした。当時私は二七歳で、他の学生たちは一七歳、一八歳でした。遺骨が出なかったことで、虐殺は本当にあったのか、何人殺されたのか、私たちスタッフの中でも葛藤がありました。

そういうときに私たちを救ってくれたのが、この映画に出てくる曺仁承さんでした。そのハラボジ（おじいさん）の震災後と震災前の人生を通して、若者たちと私の気持ちが一つになり始めたということです。

もう一人は私が尊敬する在日史学者の姜徳相（カン・ドクサン）先生です。先生からは私が三本の映画を作った後にも、「埋もれた歴史を発掘して記録を続けないと人々の記憶には残らない」と言われました。

私は映像としてこれを記録するのは大変困難であることがわかっていました。でも姜先生は、「映画になれば、多くの人がそれを見て歴史を自分の頭で考えて、自分の目で学ぶことができるだろう」「必ずそういう映画を作りなさい」とおっしゃるのです。先生が生きている間に、新しい映画が完成できなかったことを私は反省しております。

今年の八月末に、第一段階で完成させて、朝鮮人虐殺百年の行事が終わりましたら、年内に完成版として発表したいと思っております。

＊族譜をたどって

韓国の遺族約一二人、犠牲者七人から九人の方には、共通するところがありました。

一つは、みなさん帰ってこないアボジやハラボジのお墓をつくっています。遺骨がなくてもお墓をつくっています。仮のお墓、仮墓（가묘 カミョ）といいます。私は今つくっている映画のタイトルを、『カミョ』にしたらと思っているんです。別の言葉ではホッミョ（헛묘）といいます。

韓国は儒教精神が根強い国ですから、遺骨が無くてもご先祖様や身内のお墓はつくるんです。遺骨が無ければ着ていたものや遺品を入れます。このカミョが非常に多い。そして私がお会いした遺族のほとんどが、一九二三年か一九二二年に日本に行った犠牲者の遺族でした。これは労働力が足りなくなった日本政府が、一九二三年に渡航許可を緩めたからです。出稼ぎのために一気に日本に来ます。そしてその多くは一家の長男でした。

韓国には戸籍もありますが、各家にはチョッポ（族譜）があります。戸籍は丸ごと信用できない部分があります。族譜には震災の時に亡くなったと書いてあるのに、戸籍には震災の二年後とか、震災の前だとか、朝鮮で死んだことになっている戸籍もあるんです。朝鮮総督府が戸籍の管理に関係していたからではないかと、考えられます。

族譜には、韓国語ではウンミョ（旧暦）といいますが、一九二三年の旧暦七月二一日もしくは七月二二日と書かれています。新暦に直しますと九月一日です。九月一日に全部が亡くなったわけではないですが、忌日がわからない方にもこのように書いてあるんです。

私事になりますが、この映画をつくってから三〇年経って、私のハラボジ（祖父）も関東震災で殺されそうになったことがわかりました。

震災のときに、ハラボジが明治大学に留学していたことは聞いていましたが、私と韓国にいるハラボジは接触がなくて詳しいことは知りませんでした。私のアボジは長男ですから一四歳ころからいろんなところで働いていて、ハラボジと長く暮らしてなくて、私はハラボジに会ったこともなかったんです。小学校の時に一度だけ、アボジがハラボジを日本に招待したことがありましたが、長いあごひげが怖くてそばに寄ることもできませんでした。

震災のときのハラボジのことがなぜ分かったかというと、ロサンゼルスに私のハルモニ（おばあさん）がいます。ハルモニと言っても、ハラボジの弟の奥さんです。そこに私は映画を持って挨拶に行ったときに、「実はお前のハラボジは殺されそうだったんだよ」と初めて聞かされました。虐殺現場の近くで死んだふりをして、人がいなくなるのを待ってその場を離れて助かったと聞かされて驚いたことがあります

また、私の母の従兄《いとこ》は震災の時に向島の玉ノ井にいましたが、飲み屋にいて、店の女将さんに押し入れにかくまってもらったと聞きました。

ハラボジがもし殺されていたら、私はここにいませんでした。

■映像を交えて

それではいままで話したことを、映像を紹介しながら報告します。

① この写真の人は、映画『隠された爪跡』の主人公、曺仁承（チョ・インスン）さんです。場所は荒川に架かる現在の木根川橋《きねがわ》です。昔は四つ木橋と言いました。

発掘で遺骨は出なかったのですが、ある在日朝鮮人に「ここで助かった老人がいる」と言われ、曺仁承さんに出会いました。曺さんは最初、発掘現場に行くことも嫌がりました。「そこに行ってどうする？」「骨が出ないのではないか」「従兄弟が行方不明になった所に行きたくない」と言いましたが、なんとかお願いしました。

② これは、今年（二〇二三年）三月の授賞式の写真です。韓国にカトリック司祭で人権活動家の池学淳（チ・ハクスン）さんという方がいます。海外の人権団体を表彰する「チ・ハクスン正義平和賞」というものがあり、受賞することになりました。私一人の受賞ではなく、姜徳相先生を始め研究と追悼をしてきた市民団体の方々と一緒にいただくということで、受賞の挨拶をさせていただきました。

③ これは習志野収容所に連れていかれる途中の写真です。左の下に線路の跡があります。騎兵連隊ですね。鉄砲を担いで、サーベルの鞘も抜いております。歩いている人は朝鮮人ですが、怪我をしていたり裸足で歩いている人もいます。

⑤

9月3日　臨時震災救護事務局警備部決定事項

『容疑なき朝鮮人は之を保護する』

『危険なる朝鮮人は適当処分する』

9月4日　午後4時　第一師団司令部　ー戒厳令第3号ー

朝鮮人は習志野捕虜収容所に収容す　第一師団長石光真臣

9月5日　鮮人問題に関する協定

第二　朝鮮人の暴行又は暴行せしむとしたる事実を極力捜査し肯定に務むることに努めること

（新版　関東大震災虐殺の記憶　姜徳相）（現代史資料6　関東大震災と朝鮮人）④

④ 震災直後に日本政府が行った政策のうち主なものを並べました。当時、臨時震災救護事務局というものをつくります。戒厳令を敷いて、九月四日に習志野収容所に収容することを発表しました。この九月三日の決定事項については、姜徳相先生の『関東大震災朝鮮人虐殺の記録』に詳しく出ていますが、流言蜚語が九月一日から二日に出て、警視庁はこれがデマだとわかるんです。しかしもう虐殺が始まっていました。

社民党の福島みずほ議員が百年目の六月一五日、参議院法務委員会で「九月三日に船橋の海軍無線所が全国に送った〝朝鮮人に注意せよ〟という電信文の原版は存在するのか？」と質問しました。防衛省研究所研究センター資料室にあることを、防衛省担当者に認めさせました。政府が自ら朝鮮人の流言蜚語を作り、拡散させていたことが明らかになりました。

ここに書かれているように「**危険なる朝鮮人は適当処分する**」です。習志野収容所に保護のためとして収容されながら殺されたのも、まさにここですね。収容所で怪しいと思われた者は、ふたたび東京の警察署に引き渡されているんです。内務省には朝鮮人係があり情報を持っていました。

⑤ これは千葉県の習志野収容所の側の、死体が埋められた場所です。一九九八年に発掘されて、六体の遺骨が出ました。近くの観音寺と旧部落

の特別委員会、千葉県の市民団体の三者の立ち会いで発掘しました。残念ながら非公開で、関係者以外は誰も入れずにテントを張って発掘しました。一九九八年ですから、発掘では一番最近のことです。

実行委員会にいたある方が、「科学的な方法で発掘したい」と言ったそうです。後に遺伝子検査ができるようにするということです。北海道でも沖縄でも、遺骨発掘はそうやっています。ところが部落役員はそれに反対の立場で、写真も困るということでした

⑥観音寺には韓国の文化人が一九八五年に贈られた犠牲者を慰霊する鐘楼がありま す。建立三八年経過して瓦、木材、丹青が傷んでるので補修工事の募金運動を日韓市民で始めました。写真の右側に一九九九年に六体のお墓をつくりました。「関東大震災朝鮮人犠牲者慰霊の碑」です。ここには「朝鮮人」と書いてあります。市民団体はこの隣に虐殺の歴史を解説するパネルを立てたかったそうです。ところが旧部落の委員会が立てないでくれということで、幻の碑文となっています。

⑦これは二〇一三年（関東震災九〇年）駐日韓国大使館の倉庫で発見された名簿です。李承晩大統領の時代にそれぞれ関東大震災、独立運動、強制徴用と三部別々に作成されてます。忠清北道、慶尚南道と道別に分かれています。

⑧

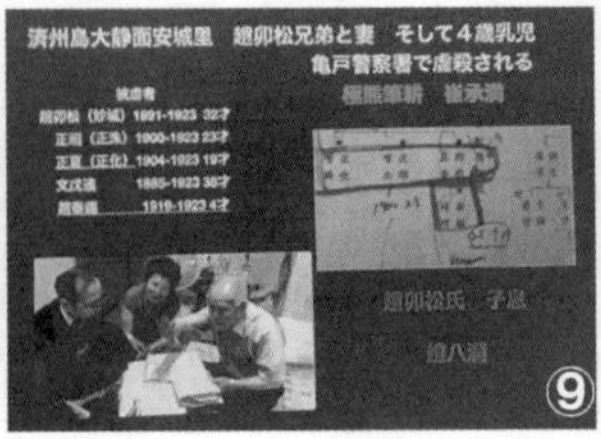

⑨

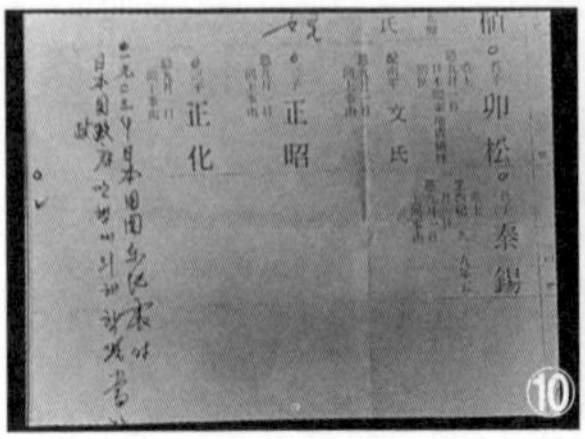
⑩

⑧ これは当時日本の、韓国ＹＭＣＡの青年会にいた崔承萬（チェ・スンマン）という人が朝鮮独立後に書いた本です。①『極熊筆耕』（극웅필경　クグンピルギョン）一九七〇年出版、②『나의回顧録（私の回顧録）』仁荷大学、一九八五年出版。ここに震災の記録が書いてあります。崔承萬さんは六六六一人を調査した、在日本関東地方罹災同胞慰問班の中心メンバーでした。

＊亀戸警察の虐殺犠牲者・趙卯松と家族

⑨ 済州島《チェジュド》で亡くなった方の家族です。この記録が先程の崔承萬さんの本に出てきます。長男（趙卯松　チョ・ウソン）、次男（正昭）、三男（正夏）と長男のお嫁さん（文戊連　ムン・ムリョン）。そして長男のお子さん（趙泰錫）と、五人が亡くなりました。どこで亡くなったかというと亀戸警察署です。

記録によれば亀戸警察署には三〇〇人の朝鮮人が収容されたことになっております。実は殺されたのは五人ではなく六人です。崔承萬さんの本によると、奥様の文戊連さんは妊娠していたんです。遺族は私に文戊連さんが当時、臨月の身であったことを後に証言してくれました。日本刀で奥さんのお腹を切って赤子を引きずり出して殺したという記述があります。

⑩ これは族譜です。左端にボールペンで「一九二三年日本国関東地震時、日本国政

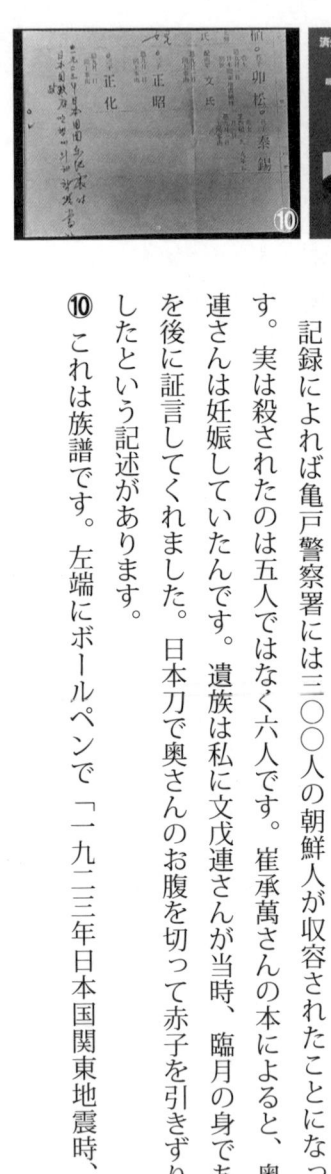

俺の村の前で憲兵が50人位で2列ずつ並んでその間に白い朝鮮服着た村人が入って行くんだよ、川の水がみんな流れ着くところまで行って穴掘らした生きたまま入れて上から鉄砲でもって殺したんだ、秋になったらね　ものすごく雨が降ったんだ　雨がずーっと山の向こうから降ってそれが不思議なもんでさ、その川に赤い水が流れたんだ、赤い水が
　　　曺仁承氏18歳で　1919年3.1運動を居昌郡にて目撃する　　　収録　呉充功

完成上映会 1983年8月水道橋労政会館　⑫

大辨/大正拾壹年壬戌正月
日戸籍中華/安城里

安城里の戸籍

1922　⑪

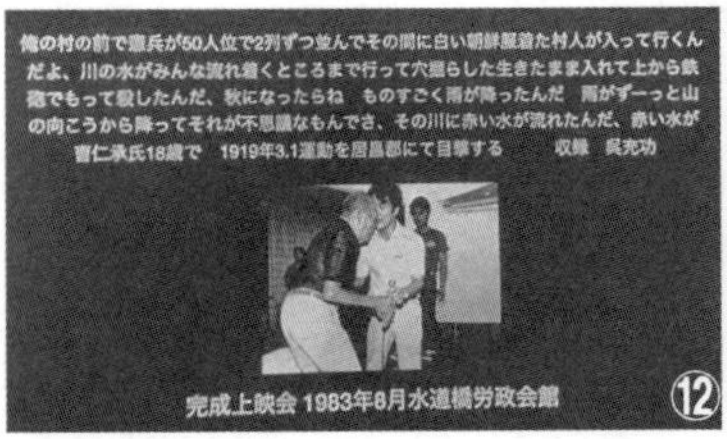

府……」と書いてあります。　彼ら兄弟のアボジが、済州島で帰りを待っていたんですね。　帰ってこないのでボールペンで書きこんだものです。　このアボジは日本の憲兵に知り合いがいたので探してくれとお願いしたが、　探せなかったということになっています。　崔承萬が記録を残したのに、この事実が分かったのはつい最近のことでした。

　そして先ほど映画に出てきた息子さんは、　実は養子なんです。　男が全部殺されたので、娘二人しか残っていなかったそうです。　韓国の風習で、だれかがお墓を守らなければいけない。　そういうことで弟の子供を養子にもらいました。

　⑪これは済州島の安城里という、この家族が昔住んでいた村全体の戸籍です。　これにはまた深い話がありまして、済州島では四・三事件（一九四八～一九五四年）があ
《アンジョンリ》
ますね。　その時に役場の戸籍や族譜を集めて、山に埋めたそうです。　その後に掘り出して各家庭に返したということです。

　＊犠牲者・曺権承と遺族の話

　⑫遺族の一人曺仁承（チョ・インスン）さんは、三・一独立運動のときの虐殺をこういう風に目撃したとおっしゃっています。これは、その目撃談と私の最初の映画の完成上映会のときの写真です。

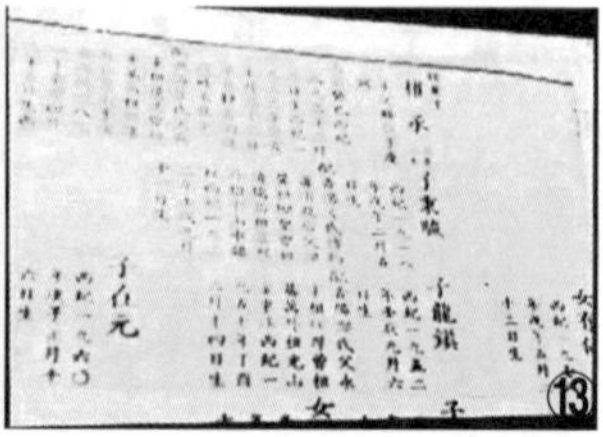

〔映像の文〕「俺の村の前で憲兵が五〇人位で二列ずつ並んでその間に白い朝鮮服着た村人が入って行くんだよ、川の水がみんな流れ着くところまで行って穴掘らした生きたまま入れて上から鉄砲でもって殺したんだ、秋になったらね　ものすごく雨が降ったんだ　雨がずーっと山の向こうから降ってそれが不思議なもんでさ、その川に赤い水が流れたんだ、赤い水が」

（曺仁承氏一八歳で　一九一九年三・一運動を居昌郡にて目撃）

⑬ 曺仁承の村に行きました。曺仁承さんが探したが、震災後も従兄弟が見つからないということなので族譜で探しに行きました。

従兄弟の方は族譜に無かったのですが、曺仁承さんの名前はこの一門の族譜の中に、生年月日も名前も同じで全部ありました。一番上の権承（クォンスン）さんという方が犠牲者になっております。一九二三年七月二二日と書いてあります。旧暦ですね。

⑭ 曺権承さんの遺族です。曺仁承さんの遠い親族ということになります。

＊虐殺の犠牲者・姜大興

埼玉にある姜大興（カン・デフン）さんという方の追悼碑を説明いたします。埼玉の日朝協会が毎年、旧大宮市の常泉寺というところで追悼の催しを行っています。姜

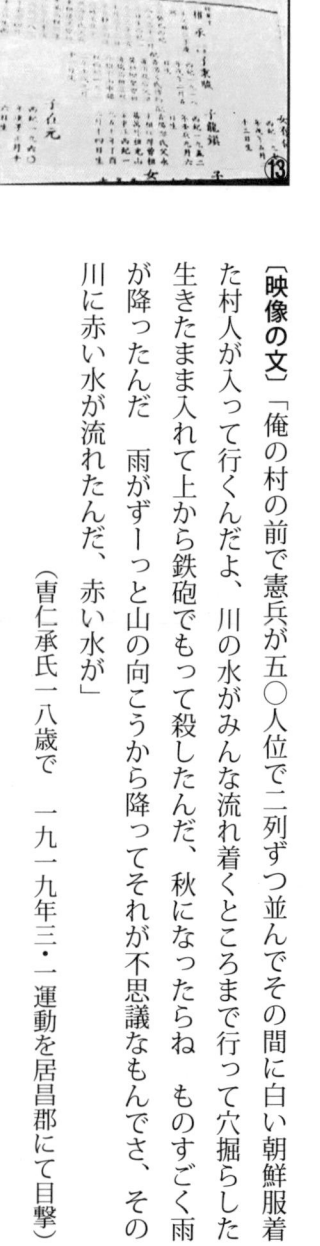

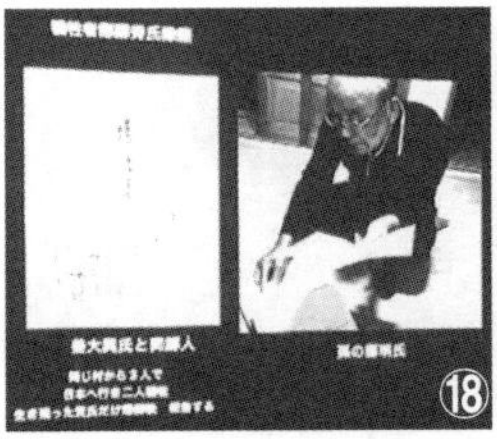

大興さんの遺族と面談するために、初めて私は韓国政府の調査団と一緒に行きました。

⑮ 写真の向かって右の方が、亡くなった姜大興さんの直系のお孫さんになります。真ん中が弟の子供。二番目の弟の子供、三番目の弟の子供になります。お孫さんはこのおじさんたちと四人で日本に行こうと約束しましたが、残念ながらお孫さんが病気で亡くなってしまいました。

姜家には家訓があります。おじいさんが日本から帰ってこなかった、虐殺されたのではないか。三番目の弟さんが広島に強制連行されて原爆を受けて帰ってきて後遺症で死んだ。「姜家の男は日本の土地を踏んではならぬ」と、そういう言い伝えがあるから、はじめは「日本には行けない」と言ったんです。

⑯ 姜大興さんのお墓です。名前が記されているのは、本当に稀なことです。お墓の横と後ろに回りますと、「染谷村一同」と書いてあります。村の自警団が虐殺したので染谷村の人々が反省して建てたと思われます。これは一九二四年に建てています。研究している埼玉日朝協会会長の関原正裕さんによると、関東震災の翌年にお墓を建てたといいます。「朝鮮人」と刻まれています。

⑰ そしてこれは先ほど映画に出ましたね。姜大興さんの追悼碑がある常泉寺の土を持って来てくれないかというので、私がお孫さんに渡して仮墓に埋めました。山には一族のお墓が集まっております。

⑱ この方は鄭明（チョン・ミョン）さんというんですが、この方のハラボジが常泉寺

にお墓のある姜大興さんと、もう一人、黄（ファン）さんと、同じ村の出身ということで一緒に日本に行ったんです。そして二人が亡くなって、黄さんだけが村に帰ってきて、それぞれの家族に報告したということです。

＊韓国社会に現れた初めての遺族

⑲ 二〇一六年に韓国の民間人が犠牲者の追悼式を行いました。この時に初めて韓国社会に、関東震災虐殺の遺族が現れます。

⑳ この写真の、立って話している方が権在益（クオン・ジェイク）さん。群馬県の藤岡市の成道寺《じょうどうじ》にある追悼碑に、名前が書かれている南成奎（ナム・ソング）のお孫さんにあたります。

真ん中が曺仁承さんの遠い親戚の曺光煥（チョウ・クァンファン）さん。居昌《コチャン》の出身で、おじいさんの兄弟が亡くなっております。その隣が趙英均（ソ・ヨンギュン）さんで、済州島の遺族になります。

㉑ この方は朴成均（パク・ソンギュン）さんで、おじいさん兄弟二人（朴得寿、朴命寿）が亡くなっています。慶尚北道義城郡《キョンサンプクトイサングン》です。おじいさんが日本に行く前に暮らしていた家が残っていました。仮のお墓がありました。仮のお墓ですから遺骨はないです。

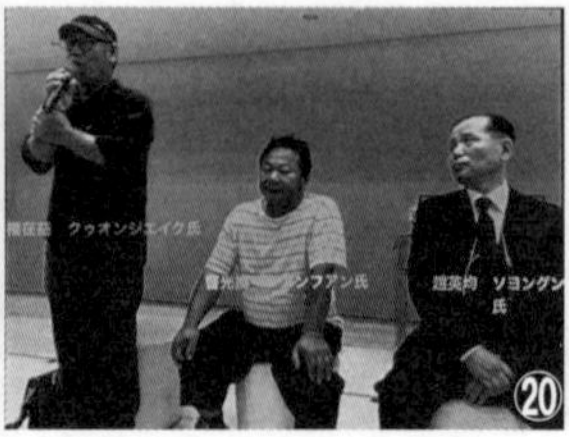

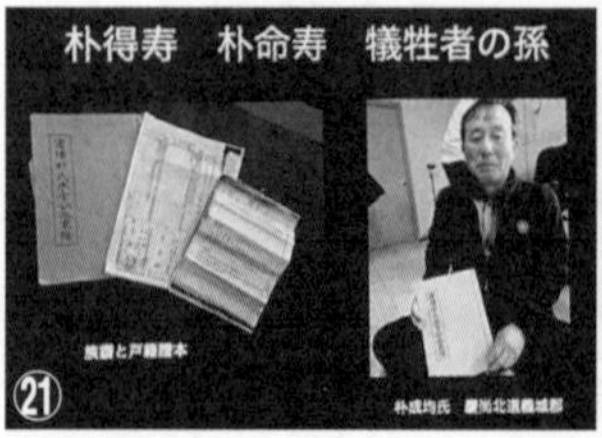

南成奎の戸籍

㉔

群馬県藤岡事件 群衆、警察署を襲う、17名の朝鮮人虐殺　9月5日

関東大震災朝鮮人虐殺精密調査　山田昭次

成道寺追悼碑　犠牲者氏名

㉓

群馬県藤岡市成道寺　朝鮮人追悼碑

㉒

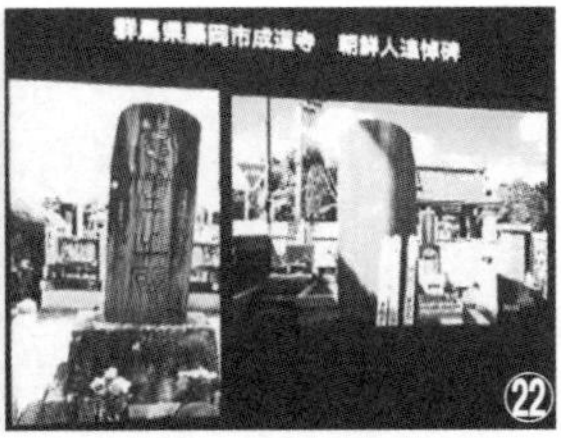

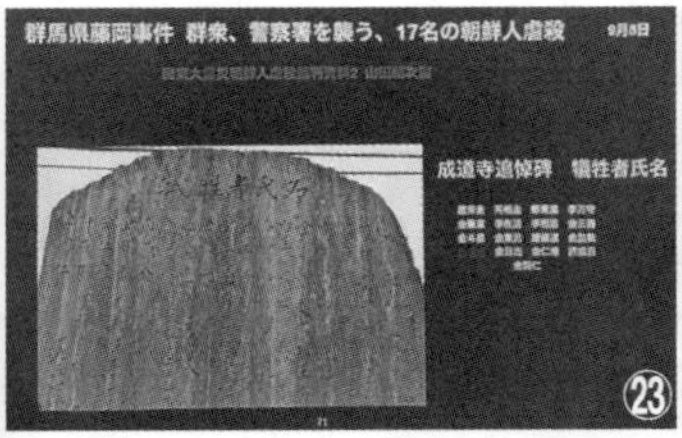

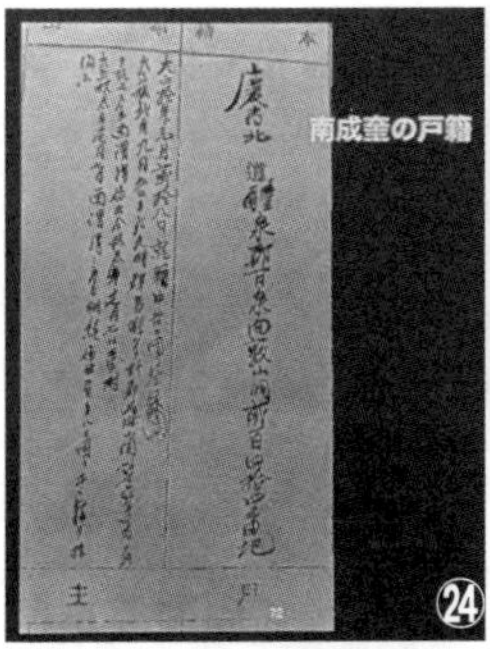

＊藤岡事件の犠牲者・南成奎

㉒ これは群馬県藤岡市の成道寺にある追悼碑です。藤岡事件と呼ばれています。群馬県社会党の副委員長をされた猪上輝雄さんという方が、藤岡事件を熱心に研究されています。関連することですが、戦争中に徴用され命を落とした朝鮮人労働者を悼む「群馬の森」の追悼碑の撤去問題をご存知ですか？　撤去反対の運動が続いています。[注]

㉓ この成道寺の碑に犠牲者の名前があります。左から五番目に「南」と書いてあります。説明書きでは赤い字にしています。南成奎（ナム・ソンギュ）です。

㉔ これは南成奎さんの戸籍です。お孫さんが持ってきました。ちょっと見づらいですが、二行目のところに「群馬県藤岡警察署で死亡」と書いてあります。それでこのお孫さんが自ら名乗り出たんですね。ソウルで二〇一六年に初めて民間人が追悼式を行い、私も委員の一人として加わりました。最初は二人しか遺族がわからなかったのですが、新聞報道を見て自分のおじいさんももしかして、と思ってご本人から名乗り出ました。そして戸籍を持ってきて、驚いたのが「藤岡警察署」と書いてあったことです。

祖父南成奎の　住居跡に立つ孫　南甲鎮氏
南甲鎮氏　権在益氏（外孫）
㉕

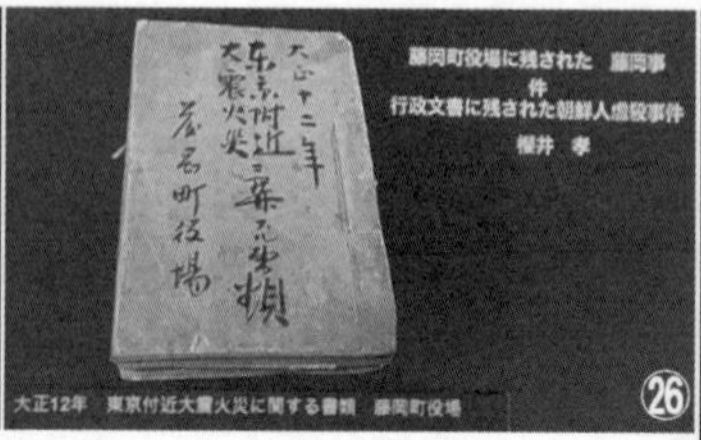

㉖

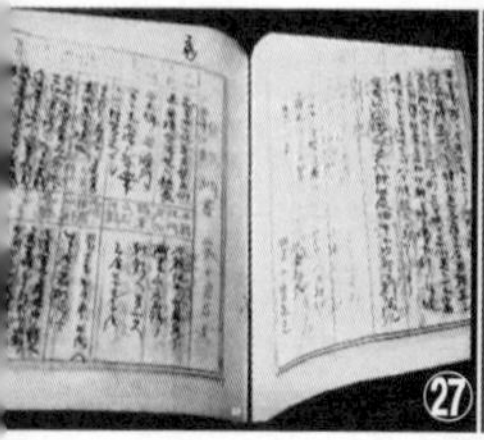
㉗

この藤岡事件は、自警団裁判が行われております。自警団裁判記録があります。これは先ほどの崔承萬さんの本の中に載っています。そして二〇一八年にご遺族を日本に招きました。成道寺でチェサ（祭祀）をやってもらいました。

㉕この中の上の写真が南成奎さんの親戚にあたる南甲鎮（ナム・ガッチン）さんです。ここに南成奎さんが日本に行くまで住んだ家があったと教えてくれました。

下の左の写真の方が南家に行ったお嫁さんですね。残念ながら亡くなりましたけれど、インタビューのときに撮らせてもらいました。

㉖㉗これはご存知の方もいらっしゃると思いますが、藤岡警察署が藤岡町役場に提出した検死報告書です。被虐殺者の服装と髪，身体のどこに殺傷傷があったのかを詳しく記録してあります。

これは旧戸籍法といいます。行き倒れた人、今で言うホームレスの人がどこかで亡くなっても、警察が調べないと火葬場には行けないんですね。これは関東震災の前、明治時代からありました。なぜだか、検死をした犠牲者の名前が一人しか記載されていません。百年の今年、南成奎氏のお孫さんになる権在益さんは日本大使館前で1人デモをしながら韓国政府に真相究明と遺族救済の請願活動を熱心にされてます。

㉘

㉙

㉚

㉘この方は蔡玄国（チェ・ヒョング）といって、韓国では大変有名な方です。おじいさんの時代から鉱山をいっぱい持っていたのですが、それを自分の代になったら売って、働いていた労働者に会社の財産とお金を分配された社会活動家です。蔡氏の祖父の兄弟が亡くなっています。

㉙この方は有名な俳優ですね。李順載（イ・スンジェ）さん。ホジュン（許浚）と言うドラマ見たことがありますか？　お二人はソウル大学の先輩と後輩らしいんです。左下の写真は蔡さんと沈雨晟（シム・ウソン　民俗学者・観音寺に慰霊の鐘楼を送る会理事）さんです。

この二人はある放送局で一緒に働いていました。蔡は今の言葉で言うとＰＤ（テレビ番組のプロデューサー）で、沈氏はアナウンサーでした。こういう人間関係です。

＊遺族会の発足

そして韓国で初めて、それまでわかった遺族に集まっていただいて、二〇一七年八月に遺族会をつくりました。慶尚道《キョンサンド》の出身の人が多かったので釜山でやりました。

㉚これは釜山の港で行ったチェサです。自分たちの祖先、ハラボジや兄弟など家族が帰ってこなかった子孫です。済州島は一九二三年以前から、大阪とか福岡に船が出ていたということなので、そのあたりはもう一回勉強したいと思っております。

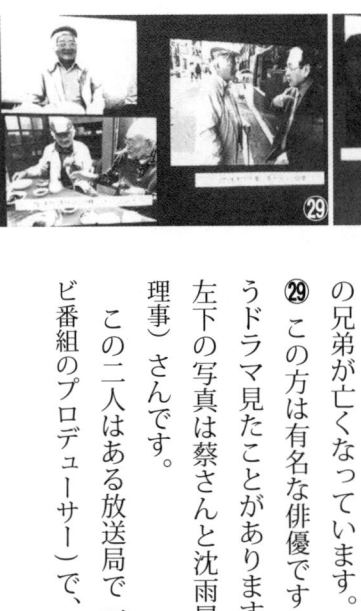

㉛そして二〇一八年に、日本に二人の遺族をお招きしました。これは墨田区八広の追悼碑での献花です。追悼式でご挨拶してもらいました。

㉜これは中国人犠牲者の遺族です。八広の追悼式に来ていまして、記念写真を撮りたいと言うことで、いろいろ話しました。お互い同じようなことを言っていました。中国人遺族から見て朝鮮人遺族もいたのかと、韓国人遺族から見ますと中国人がこんなにいっぱい亡くなっているのかと…。お互い知らなかったということで、虐殺百年の今年八月三一日、九月一日と遺族同士の交流会が予定されております。

㉝日本でアリラン文化センターを借りて記者会見をやりました。写真の左の方は在日の遺族ではないのですが、オモニが殺されそうになった方です。娘さんで尹峰雪（ユン・ボンソル）さんといいます。この方のオモニ文茂仙（ムン・ムソン）さんの人権救済申立事件について日本弁護士連合会が、二〇〇三年に小泉総理大臣に、人権勧告書を出します。

真ん中の方は毎年荒川にいらっしゃる金道任（キム・ドイム）さんといいます。このかたは在日の唯一の遺族です。オモニ朴貴順（パク・キスン）さんのお兄さんが群馬県にいたんですが、亡くなっています。

二〇一八年に在日の遺族と韓国の遺族が初めて会うことができました。

㉞朴貴順さんのオッパ（兄）朴徳守（パク・ドクス）のお墓ですが、左側が仮墓です。私が感動したのは、石碑に息子さん二人が書いた文章があるんです。

「お父さんの幽宅（タク　韓国でお墓のこと）を作ることができなくて三〇年たちました。この悔しさは空を突き抜けるほどに悔しい。オモニのお墓の隣に墓を建てました。どうかお父さん、恨《ハン》を解いてください。親不孝な息子ふたり」

私は在日二世ですけど、たいへん感動しました。

㉟これは横浜市の南区に、民団が建てた慰霊碑です。この慰霊碑には歴史があります。当時神奈川で生き残った李誠七（リ・チョンチル）というクリスチャンの方が、リヤカーに殺された朝鮮人を一人一人乗せて横浜中のお寺を回ったそうです。全部断られました。最後にこの宝生寺というところに行きましたら、お墓は無理だけれど、位牌は作ってあげるよということで、位牌がボール紙で作られました。ただし遺骨は違うところに納めたということですがどこだか分かっていません。

㊱これは菊名の蓮勝寺というところにある慰霊碑です。もともとは真ん中の小さいものです。両端は民団が立てております。これらはもともと違う三つの墓地にあったんです。軍隊の偉い人が自分でお金を出して お墓のお隣に作ってあげたらしいんです。それを蓮勝寺に持ってきたと伝えられています。

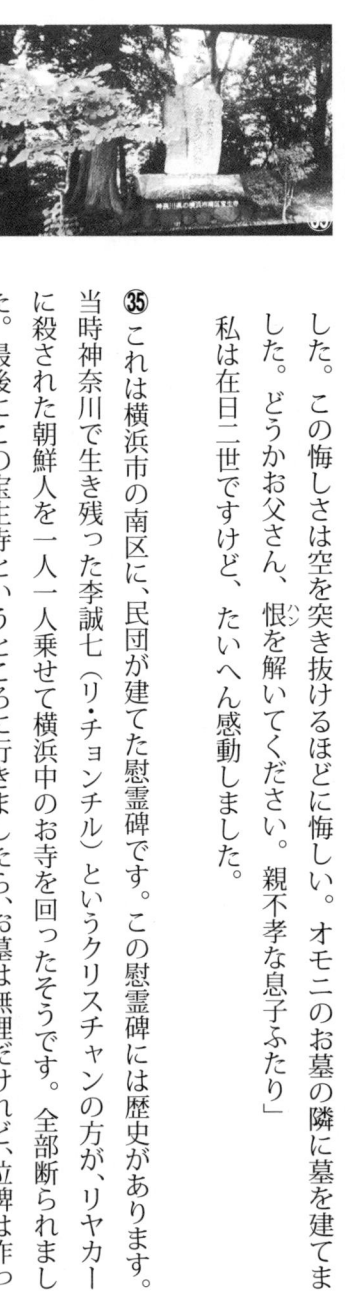

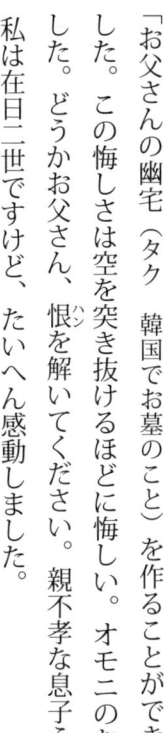

㊲ これは埼玉の上里町にある慰霊碑です。朝鮮総連埼玉と民団寄居が合同でつくったことが書かれています。

横浜の久保山という墓地にも慰霊碑があります。

ありがとうございました。

【注】「群馬の森」の朝鮮人労働者追悼碑

県立公園「群馬の森」の一角で二〇〇四年に完成した碑。民間のグループが一九九〇年代に実施した調査によると、群馬県内では朝鮮人六千人以上が軍需工場や鉱山に労働動員され、病気などを含め三百～五百人が命を落としたという。調査したメンバーらが追悼碑建設を計画し、九八年に設置に向けて活動を開始。市民から賛同金を募って完成させた。碑の裏面に記された文面では、設置許可を得る際に県と調整し、原案にあった「強制労働」を「労務動員」に換えた経緯がある。朝鮮人労働者の追悼碑が県有地にできたのは全国初だった。

東京新聞（Web 版　二〇二二年一〇月一日の解説から）

〔追悼碑建立にあたって〕　日本語と韓国語の碑文

二〇世紀の一時期、わが国は朝鮮を植民地として支配した。また、先の大戦の最中、政府の労務動員計画により、多くの朝鮮人が全国の鉱山や軍需工場などに動員され、この群馬の地においても、事故や過労などで尊い命を失った人も少なくなかった。

二一世紀を迎えたいま、私たちは、かつてわが国が朝鮮人に対し、多大の損害と苦痛を与えた歴史の事実を深く記憶にとどめ、心から反省し、二度と過ちを繰返さない決意を表明する。過去を忘れることなく、未来を見つめ、新しい相互の理解と友好を深めていきたいと考え、ここに労務動員による朝鮮人犠牲者を心から追悼するためにこの碑を建立する。この碑に込められた私たちのおもいを次の世代に引き継ぎ、さらなるアジアの平和と友好の発展を願うものである。

二〇〇四年四月二四日

「記憶　反省　そして友好」の追悼碑を建てる会

この追悼碑をめぐっては、碑の前で行われた集会で、条件違反の「政治的発言」があったとして、群馬県が二〇一四年に設置許可を更新しないことを決定しました。市民団体は不許可処分の取り消しを求めて訴えましたが、二〇二二年六月に最高裁で敗訴が確定。市民団体は行政代執行による撤去を検討しているが、市民団体は存続を訴え続けています。

（日韓記者・市民セミナー　第五〇回　二〇二三年八月七日）

第II講　コリアンルーツから見た日本社会

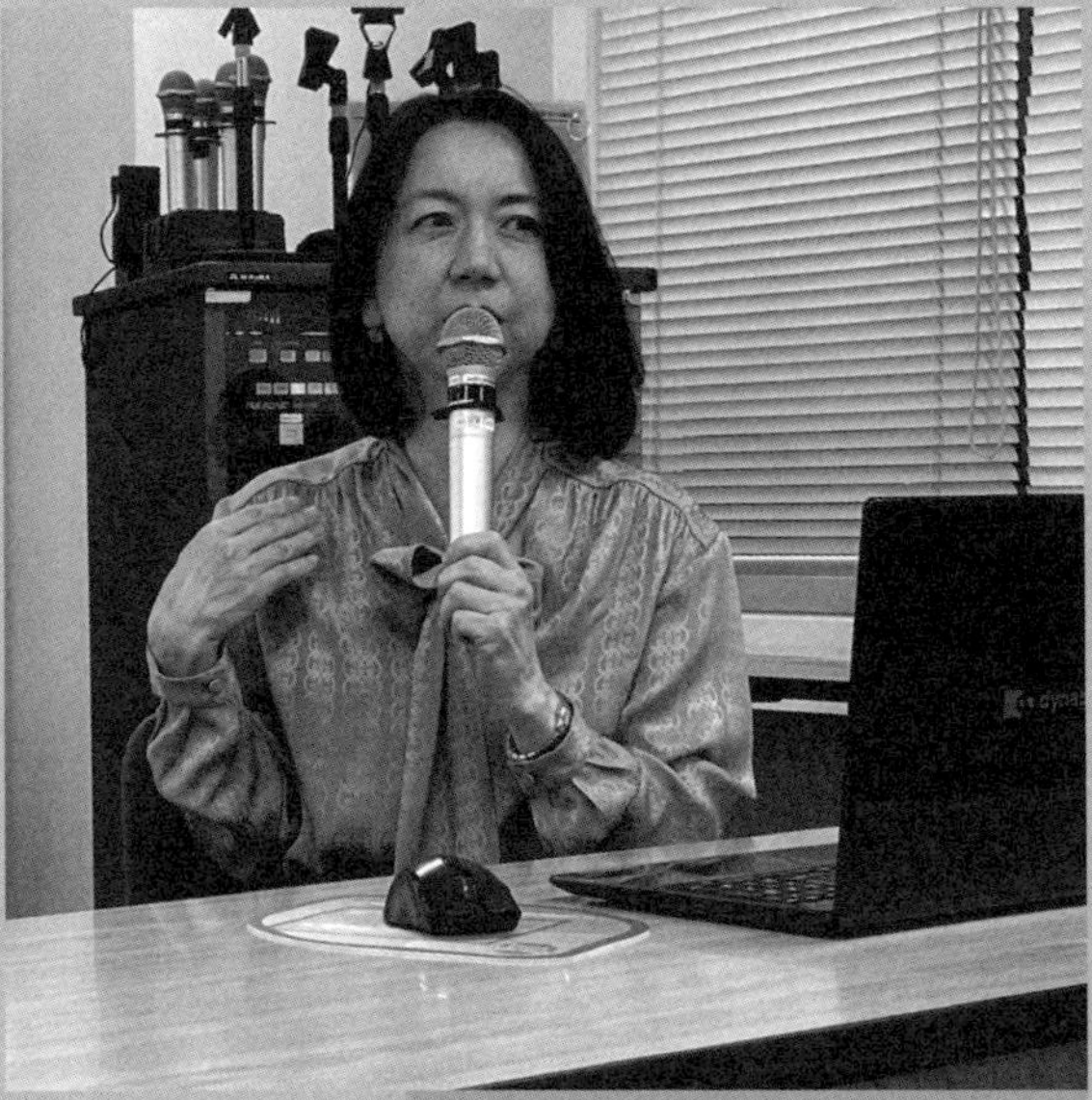

深沢　潮 ―― 小説家

私は、在日コリアンルーツで、父が一世、母が二世の二・五世です。いまご紹介いただきましたように、『李の花は散っても』という、李方子（イ・バンジャ　り・まさこ）さんの生涯と、独立運動家の金南漢（キム・ナムハン）という人と恋をして朝鮮半島に渡った日本人女性マサ、二人の人生を描いた小説を出しました。その小説の舞台がちょうど一〇〇年ぐらい前から始まっておりますので、執筆を通して感じたことなどを中心にお話をさせていただきたいと思います。

■これまでの来し方

＊ペンネームの由来

深沢潮というペンネームにつきまして。作家になろうとすると新人賞などに応募します。私も何回かペンネームを変えて応募しましたが芽が出なくて、思い切って、当時世田谷区の深沢に住んでいましたので苗字を「深沢」にして、名前は石川啄木の歌に「潮かおる北の浜辺のはまなすよ、今年も咲けるや」というものがあり、「潮かおる」の心地いい響きから、「潮」か「かおる」を使おうと思いました。インターネットの姓名判断で希望が通るようなことが書いてあったので「潮」に決めました。その名で初めて応募した短編が新潮社の新人賞を通りました。『金江のおばさん』

という短編で、それ以来、深沢潮を使っています。

その『金江のおばさん』という短編は、在日コリアン同士の男女を結ぶ、「お見合いおばさん」の話です。

大賞を受賞し、『ハンサラン愛する人びと』という単行本になりました。いまは文庫で『縁を結うひと』という題名に変わりました。これが最初の本です。

＊父のこと、母のこと

どんなヘイトスピーチを受けましたかというような質問をよく受けます。在日コリアンの方も今日はたくさんいらっしゃると思うので、同じような経験をご本人や親族の方が受けている方もいらっしゃると思います。

私の父は一六歳の時（一九四七年）に慶尚南道の、いまは泗川《サチョン》市の三千浦《サンチョンポ》という田舎町から密航船に乗って日本にやってきました。

なぜ密航船かというと、父は当時のアメリカの軍政に反発して、友だちと山にこもったり、パルチザンだと言って体制に反発していたことで、そこにいられなくなってしまったからです。逃げるように日本にやってきました。

その父のことを書いたのが、フィクションも交えた『海を抱いて月に眠る』という文芸春秋から出た本です。

密航してきたので本名で暮らすことはできません。当時、お米を配給する米穀通帳というものがありましたが、他人のものを福岡の闇市で買ったそうです。父は一九三一年生まれですが、かなり年上の人になりすまし、その米穀通帳で暮らしていた時期がありました。民主化以降に、名前も回復して生年月日も修正することができて、いまは本名で暮らしています。

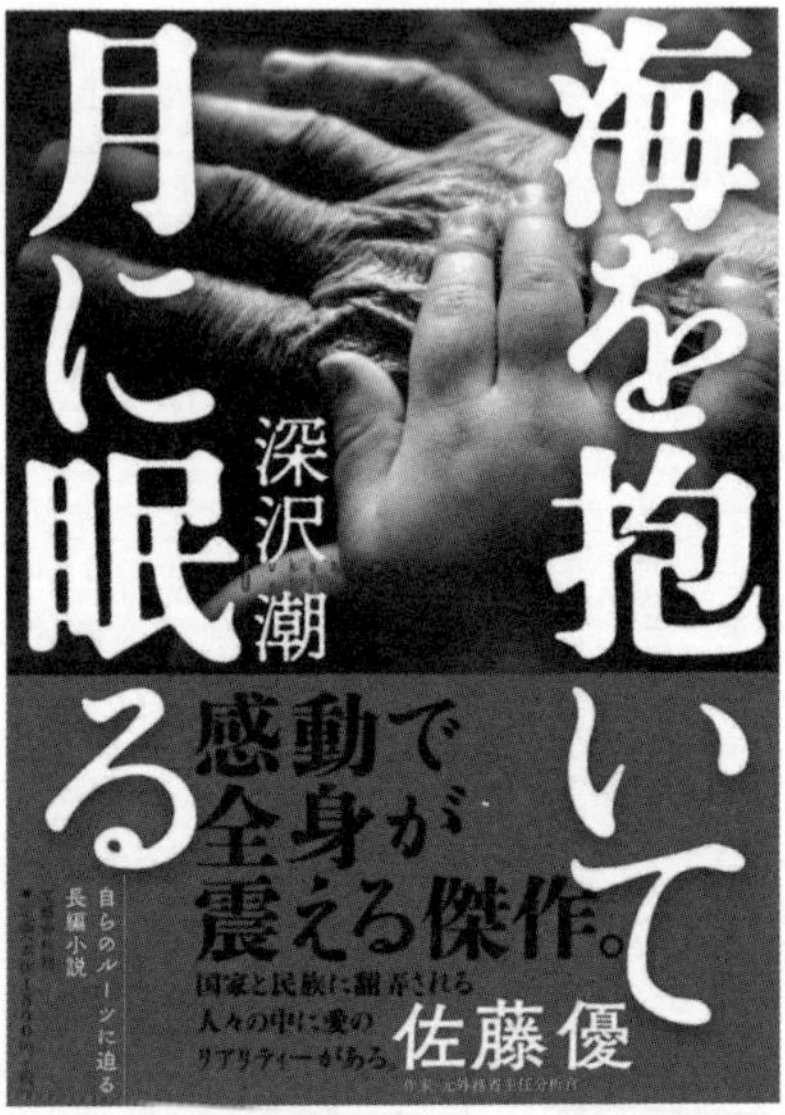

私の本名は李東愛（イ・トンエ）です。本貫が全州李氏（チョンジュイシ）で、今回、『李の花は散っても』を書いた大きなきっかけの一つは、同じ全州李氏の李王とその家族、そして李方子さんに対して親しみを感じる部分があったからだと思います。書きたいという強い動機を持って書きました。

母方は文ですが、父と出会ったのが、民団の韓青という青年部でした。母は高校を出てから韓青でアルバイトをしており、事務所に花を生けたりしていたそうです。そのころ花を生けるような人はいなかったようで、父にはそれが心に残って、積極的にアプローチして母を射止めたという感じで結婚しました。

母は在日二世でした。母の父は、こちらも慶尚南道の鎮海《チネ》の出身です。

祖父は大正時代に、元々鎮海で、国民学校の先生をしておりまして、もう亡くなっているのではっきりしませんが、何らかの理由があって、祖母と結婚してから、祖母を置いて単身で日本に来て、関東大震災にあって自警団に殺されかけたそうです。

なぜ命を長らえたかというと、朝鮮人をむやみに殺す人が多いので保護ということで警察の留置所に入れられたんです。警察署によってはそれが悲劇に繋がったりしましたが、祖父がいたところは品川の方で、被害を受けることなく過ごすことができました。留置場にいた祖父の名前が朝鮮で新聞に載ったらしくて、それで祖母は生きていたということがわかり、安心したというエピソードを伝え聞いています。祖母は、その震災から何年かあとに、祖父に呼ばれて、こちらにきました。

祖父は戦前、大井町で電球を作る工場をやっていました。そこは朝鮮人が集まっているような感じの場所で、戦後はプラスチック工場になりました。

そのあたりも、『海を抱いて月に眠る』という本に書いています。

＊私のこと

私自身は一九六六年生まれで、心臓の悪い姉がおりました。それまでは父は通称名は使っておらず、本当は李培周（イ・ペイジュ）という名前だったんですけど、そのときは、金明洙（キム・ミョンス）いう名前でした。

途中から日本の通称名を使うようになりました。私は東愛（とうえ）という名前のままでした。いまはすごく個性的な名前が多いんですけど、当時はやっぱり何々子っていう名前が多くて、例えばクラス替えがあったり、先生が代わったときに、最初に「何て読むんですか」とか、先生によっては「変な名前だね、親がふざけてるの」などと言われたり、ちょっと大きくなってからは、銀行でじろじろ見られたりすることが結構ありました。

特別永住の韓国籍で、三〇歳までそのような立場でしたが、「韓国人なの？　日本人なの？」とお友だちにもよく聞かれたりしましたし、免許証を見せたら交番に連行されたこともあります。交通違反で止められただけなのに。

でも私自身は民族学校などに通った経験はなく、日本の学校で朝鮮人の集住地域でない都内に住んでいました。韓青のあと、父は韓民党に入って金大中氏の支援などもしましたが、群馬に行ったり京都に行ったりでしたので、私は群馬や京都にも暮らした経験もあります。

制度的差別とひとびとのまなざしの差別

・両親（父1世・母2世）→家を借りられない。国民健康保険に入れない。
・キムチ臭いと言われる。祖父は関東大震災の際に自警団に殺されかけた。
・途中から通称名を使う。→名前について「変だね。親がふざけているの？」銀行でじろじろ見られる。
・特別永住の韓国籍。→韓国人なの？　日本人なの？
免許証を出すと交番に。
・日本の学校。朝鮮人の集住地域でない都内に在住してきた。
→韓国人はくさいと仲間外れ（悩んで自殺未遂）。
→恋愛などで、否定される。就職差別（貧困格差の固定）。結婚差別
・外人登録の指紋（今はない）。再入国許可。選挙権ない。
・韓国語話せず。アイデンティティも濃くない。
→隠してもアウティングに何度もあう（職場、ママ友）
・作家になってからは、ヘイトスピーチ
→在日属性（朝日新聞のweb、民団新聞など。SNS）プラットフォーム側の鈍さ。放置。
・両親の病院や老人ホームにての対応。→いくつになってもヘイトや差別に怯える。何か悪いことがあると「韓国人だから」と。
・日常の嫌韓記事や嫌韓本（電車の中吊り）、災害時のデマ。

＊差別体験

細かくいろいろ自分が受けた差別体験を書き出しました。たぶん皆さんは在日コリアンがどういう差別受けてきたっていうことはよくご存知ではないかと思います。

作家になってから、結構ショックを受けたのは、属性だけでヘイトスピーチを浴びせられることでした。ネトウヨは、民団新聞とか朝日新聞が大好きでヘイトを浴びせ、ウェブでそれがまたたく間に拡散され、この人はスパイだとかと、ちょっと一時期大変なことがありました。

それで私はツイッターやＳＮＳをや

めた時期もあるのですが、いまはアカウントを回復しています。最初の頃はヘイトスピーチを気にしましたが、いまは気にせずに淡々とやっています。こちらがひるむのもおかしいし、だいぶ打たれ強くなったと思います。

両親がいま高齢者の介護施設に入っています。在日コリアンの高齢者がどういう状態なのか、私は最近すごく気になっています。老人ホームではキムチが食べたくても食べられないとか、なにかあると「あの人韓国人だからな」といった、昔浴びた言葉をまた繰り返し言われるようなことが起きたり、嫌韓記事や嫌韓本はもちろん、関東大震災の時をなぞるかのようにふざけたデマを流すような人がいます。向こうはふざけていても、傷ついてる人はたくさんいるわけで、とても心が痛みます。そういうことが多いです。

＊韓国好きの差別のまなざし

そういうふうに差別をするということは、朝鮮人や韓国人を消費しているように思います。面白がっていわば娯楽にしたり、哀れみの対象にしたり、どちらにしても消費しているんです。

一番つらいのは、韓国ドラマが好きですとか、K－POPが好きですって言う人に、結構そういうまなざしがあったりします。そのことを知ったとき、心を寄せるということじゃなくて、単にその文化を消費しているだけなんだと思ったとき、ネトウヨからヘイトスピーチを受けるよりもショックですね。

みんなが意識高くとか、差別に敏感である必要は必ずしもないと思いますが、少なくとも、在日コリアンや韓国人、自分と環境の違う人、マイノリティ、立場の弱い人たちに対して、思いが馳せられない社会は問題だし、そういう差別意識を内面化していることが、いまの状況を作り出しているんじゃないかと思います。

その内面の葛藤が『ひとかどの父へ』という小説に書かれています。賞を取ったのが二〇一二年で、本を初めて出したのが二〇一三年なので、この本はわりと初めの方に出した本ですが、私が幼い頃に感じた自分で自分自身を憎む気持ち、自分の属性を憎む気持ちのようなものを細かく描いている作品です。

■『李の花は散っても』

『李の花は散っても』という小説の話をさせていただきます。

李方子（イ・バンジャ）さんは日本の皇族です。梨本宮家の長女で、昭和天皇のお妃候補でもあった方子（まさこ）さんが、避暑で大磯にいるときに、自分の知らないままに朝鮮王公族の李垠（イ・

ウン　り・ぎん）との結婚の話が進み、新聞をあけて婚約の話を知ったというところから物語がスタートします。実際、梨本宮方子さんは、そういう話があったことは聞いていましたが、現実にはありえないと思っていました。ところがそういう環境に追い込まれ、かなり葛藤されたと思います。

マサは私が創作した人物です。慶州ナザレ園という施設が、慶州《キョンジュ》の方にあります。そこは、日本が朝鮮を支配していた時代に恋愛や結婚を奨励され、朝鮮人の男性と結婚して朝鮮半島に渡ったまま、様々な理由で日本に帰れない高齢者の方が暮らしている施設です。そこに取材に行ったときに、百歳ぐらいの女性にお会いしました。その方はソウルからちょっと北の清涼里《チョンヤンニ》の市場でずっと屋台を出して暮らしていましたが、家族とも縁が薄くてナザレ園に来ました。日本人であることを隠して韓国で暮らしてきたことを聞いて、さらにいろんな女性たちの資料を調べて、朝鮮の男性と結婚したマサという人物を作り出しました。小説はこの方子さんとマサの二人の人生が交差していく

李の花は散っても
深沢潮
Even if the flower Falls
大正・昭和という時代、
関東大震災に
翻弄されながらも、
「国家」と「血」を超えて愛を
貫いた二人の女性を描く、
著者渾身の大河長編
李方子⊕皇族から李王家に政略で嫁いだ「王朝最後の皇太子妃」
マサ⊕朝鮮半島から来た独立運動家と恋に落ちた「根無し草」の女
今、この方に
熱い愛情をささげよう。
たとえふたり、
引き裂かれようとも。

話です。

この小説の中では、関東大震災の朝鮮人虐殺のことや、戦中、戦後の朝鮮半島で、日本人妻がどのような苦労をしたか、自分は韓国人だと装っていかに生きてきたかを書いています。日本人妻からのまなざしです。独立運動家を愛する気持ちと、日本への郷愁の思いに引き裂かれるような部分も交互に書きながら、マサという人物の生きざまを書いています。

マサは植民地下の開城《ケソン》で暮らしていたという設定です。解放後、開城からソウルに来て、朝鮮戦争に巻き込まれますが、朝鮮戦争の間の朝鮮半島の様子は、あまり日本の文学の中では多くは描かれていません。

日本は朝鮮戦争の特需によって飛躍的な経済発展をしたけれど、その朝鮮戦争というのがどれほど人々の心を削り、つらいものであったか、それから戦争というものの愚かさというものを書きました。単に経済が発展しました、好景気をもたらし次のステップになりましたということではなく、日本の読者に戦争の実相を伝えたくて朝鮮戦争のことも詳しく書いております。

王公族という身分だった李垠も方子さんも、戦後は外国人になるわけです。それで戦後を生きていく中で、どのような制度的差別やまなざしの差別があったかということを方子とマサを通じて書きました。

＊いまだに残る宗主国的発想

私がこの百年前からの物語を書いて感じたのは、いまとの共通点がどこにあるかということです。日本には宗主国的発想が百年たったいまでもあるのではないか。朝鮮半島の国を劣ったものとして見下しているのではないかという問いを持ち続けております。

それは例えばちょっとした新聞記事にも現れます。近いからとはいえ、すぐ韓国より下か上かということばかり書くべきではないと、私は思っています。そもそも人口が違うし、とても似たところもあるけど当然異なるところもある。ところが常に韓国と比較して評価をする。それは書いている人が、「韓国よりも下だよ」というと、なにかセンセーショナルなインパクトがあると思っているからです。ここに無意識な差別意識があるのではないかと思います。あるいは韓国を発展した民主国家として認めたくないという気持ちがあるのではないかと感じます。短い文章の中にも表れます。

北朝鮮と呼ぶのか共和国と呼ぶのか北韓《プッカン》と呼ぶのか、私もよくわかりませんが、三八度線より北の国に関しては、どんな暴言も許されるとか、人と国家を一つに見ているような状況があるのではないか。面白おかしく、「北朝鮮みたいに」とか、「韓国みたいに」とか、「朝鮮人みたいに」と放った言葉が持つ暴力性は、百年前といまだ変わりません。うっすらと共有されている差別意識は強固であると感じることが多いです。

■『緑と赤』の中のヘイトスピーチと在日コリアン

ヘイトスピーチに関しては、小学館の文庫になった『緑と赤』で書きました。在特会（在日特権を許さない会）の桜井誠が、二〇一三年に新大久保にヘイトデモを仕掛けてきたときの様子も書いています。K－POP好きの日本人の女子大生と、あんまり民族意識も高くない在日コリアン四世の女の子が、ヘイトスピーチを見てしまうところから始まる小説です。

ここで私が書きたかったのは、ヘイトスピーチをする在特会のような集団は許せないこととして問題視していますが、その友人の口から発せられるふとした言葉に、ヘイトスピーチまではいかなくても、自覚なき差別と言われるマイクロアグレッションがどれだけ含まれているかということです。

普段のニュースの伝え方ですとかワイドショーの取り上げ方でも、それを見て傷ついた

さまざまな在日コリアンのヘイトスピーチへの反応

- 在日４世の女子大生は思考停止
  →自分を閉じて、韓国人というアイデンティティを放棄・絶望
- 韓国からの留学生は、諦念（怒り）
- 韓国留学中の大学院生は、差別的な言動に抗議する

りすることも書きました。

ここに細かく、作品の中でヘイトスピーチに対してどういう反応したかということを挙げました。例えば在日四世の女子大生は、思考を停止して自分を閉じて韓国人というアイデンティティを放棄・絶望してしまうという反応。韓国からの留学生は新大久保でアルバイトをしているという設定ですが、ヘイトスピーチを見すぎて諦める、もしくは怒りを持つ。

この怒りを持つということも、韓国からやって来た韓国人は怒りを持つことができるんです。でも日本に暮らしている在日コリアンは、怒りより怖いという気持ちが強いです。怒れるというのは、自分がマジョリティであることの意識です。韓国に行けば韓国人がマジョリティで、帰るところがある。一時的にこういうのを見て怒りはあるけれど、まあ、しょうがないという感じでやり過ごすことができるのです。

それから、韓国留学中の、日本国籍になった在日の大学院生は、友だちから浴びせられた差別的な言動にしっかり抗議します。そういう

態度を持つ男の子も出てきます。

それに対して他の日本人、例えば差別に抗議するカウンターの人も出てきてどういう反応したかということも書きました。

在日四世の女の子のお母さんは、韓国人とか朝鮮人ということを隠して生きてきて、「そういうことには触れないで隠してた方がいいわよ」という感じです。それぞれの状況や、いろんな反応があって、本当に多様な在日コリアンが出てきますし、日本人も出てきます。さまざまな考え方やアクションが出てくるので、二〇一三年のそのままの状況を、画びょうで止めるような感じで小説にしたものです。

■差別やヘイトにあうと

差別やヘイトにあうとどういうことが起きるのか…。自己肯定感が持てなくなったり、自己否定してしまう。差別される自分自身が嫌いになる。差別する社会が悪いのではなく、差別される自分が悪いというふうに思ってしまいます。

そうなるのは、社会の構造がまだよくわかってないからです。社会を改善しようとするより、

差別やヘイトにあうと

・自己肯定感を持てない・自己否定（差別を内面化）
・心を病む（世代を問わず）
・思考停止
・過剰適応（差別を内面化）
・鬱の発症（老人性鬱も含む）

在日のメンタルヘルスの問題が深刻→ケアーが早急に必要

自分が悪いことにした方がラクなんです。やっぱり人間は負荷、負担の低いことを選びます。しかし、自己否定が続くと世代を問わず心を病んでしまいます。そこから思考停止です。

また、逆に自分も韓国朝鮮を差別するというふうに社会の空気を内面化して過剰適応してしまいます。ヘイトデモの団体に在日がいたりするという状況です。テレビに出てペラペラと「韓国はこんなにひどい」とか、雑誌に書いたりとかする韓国人がいますけれども、そういうのも過剰適応です。差別する日本のマスの考え方に準ずることで、少しだけ安心を得るということです。

こうしたことは「心を病む」ことに繋がります。鬱《うつ》の発生、発症状況というのも増えてくると思います。そこには老人性鬱も含みます。

うちの両親はいま介護施設に入っていて、今日も午前中に両親と会って話していると、「私は静かにしているんだ」みたいなことを言いました。あんなに闘ってきた父なのに、体が弱くなると、気持ちもとても弱くなりました。なにか失敗すると「朝鮮人だって責められるから嫌なんだ」というようなことを、ちょっと認知症も入っているんですが、言ったんです。

父は周りの人が、「朝鮮人だから…」みたいに言われたり、「朝鮮人が横にいると家が臭い」とか「臭いから嫌だ」とか、「声が大きいからうるさい」とか、なにかあると「韓国人だから」「朝鮮人だから」と言われると、本当に殴りかからんばかりに闘ってきたような人だったんです。「何が悪いんだ」「差別はするな」という人だったのに、体が弱くなるとだんだん心も弱くなってしまいました。これは本当に今日の話でして、ちょっとショックを受けました。

そして「お前も外で余計なことを言って、目立ったらダメだよ」と諭されました。「今日は講演会があるんだよ」とは言えませんでした。

在日のメンタルヘルスの問題は深刻だと思います。民団にもサポートセンターがたしかあったと思いますが、しっかりした相談者のプロやレイシャルハラスメントの専門家たちがケアをしていかないとまずい状況です。レイシズムがはびこり、バックラッシュが起きる状況は放っておけないと思いますし、本当に何か考えなければいけないと私も常に思っています。

韓国のアイドルが大人気なのに、子供たちがいじめに遭うということと、この落差は切ないし、どうにかできないかと思います。文化が受け入れられるということと差別の問題は別で、文化が受けいれられたから大丈夫でしょうということには絶対ならないのだと心から思います。

＊差別を受ける人同士の連帯

先ほど言いましたように、いま必要なのはカウンセリング・シェルター・コミュニティ、連帯していくことです。民族団体の存在も、一昔前の時代に比べれば薄くなってきましたけれど、思想とか民族とかということを超えて、とにかく差別を受けている人同士が連帯する。痛みを分かち合える人同士が話したりできる繋がりがすごく大事ではないかと思います。

娘がアメリカに留学しましたが、高校時代はフロリダ州にいたのでかなりアジア人差別を受けました。大学はカリフォルニア州で、ここもアジアンヘイトが深刻です。白人至上主義が、トランプ以降どんどん台頭してきたことは事実のようです。

それに対して、大学が人種別のセーフティスペースを設けているそうです。

それで日本の大学や会社とかの組織や地域で、こういうものをつくって、メンタルケアも含めてその場を提供するということがあったらいいのではないか。私の提案です。

アメリカではこういう動きがありつつも、州によっては黒人の奴隷の歴史などの自国の負の歴史を教えると、国が嫌いになるから教えないというところもあります。バックラッシュですね。日本も、戦時中の文言を消したり、取り上げないという動きがある。世界のバックラッシュの動きと連動しているところがあるので、早急に対策を考えなければいけないことだと思います。

■ヘイトスピーチや差別にどう対処するか

これに対して、どう対処するかということです。私は週刊ポストで、作家五〜六人とリレーエッセイをすることになり、親しい作家たちとテーマを決めて始めました。

ところが、送られてくる雑誌のタイトルは、私のエッセイが載っていても「韓国なんていらない」などというものなんです。「深沢さんのエッセイを載せているから、ちょっとバーターみたいでいいんじゃないの」というふうに使われるのも嫌だったし、そもそもこんなタイトルもひどい。これは私の原稿が載ったときの本ではなかったけれど、内容も含めて本当に許せませんでした。それで連載から降りることにしました。

他の皆さんは日本人なのであまり気にならないのか、連載を続けました。週刊誌は少ない文字で新聞よりも原稿料が高いんです。皆さん生活があるし、続けるのも仕方ないと思うけれども、私はとっても悲しかったです。でも一人の方は、ポストの方に抗議してくださったのですが、誰かが傷ついていても見過ごしてしまう空気が、日本社会は非常に強いと思います。

だからこういうものがどんどん跋扈するようになっていったのではないでしょうか。いまはこ

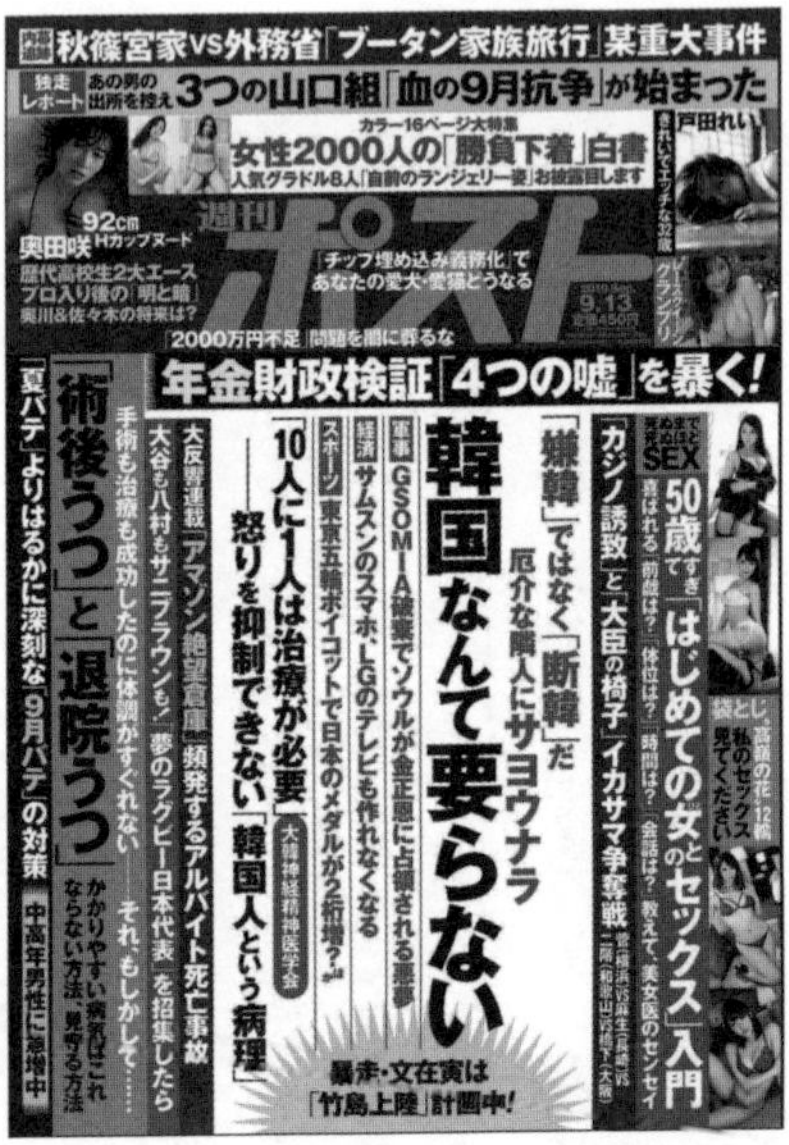

こまでのものは少ないと思います。

日韓関係が少し良くなってきたというふうに言われています。このようなタイトルは減ってきたし、ヘイト本もだいぶ減っています。少しずつ変わってきてはいると思いますが、時々やっぱりひどいものもありますので、報道の仕方も許せないものもあるので、粘り強く、諦めずに抗議していこうと思います。

＊マジョリティが変わらないと…

マジョリティが変わらないと社会は変わらないです。変化のきっかけは一番最初に抗議する当事者だと思いますが、日本の人がどうするかが、レイシズムをなくし日本社会を良くしていくのに大事です。ではどうしたらいいかといったら、やっぱり見過ごすことはやめてほしいんです。一緒に止めてほしい。むしろ先頭に立って止めてほしいのはマジョリティの人です。入管法の改悪に関する動きを見ていると、多くの日本人が止めようと動いてくださっているので希望が持てますが、関心のない人もたくさんいます。入管法がどうあろうと、日本人にはあまり関係ないけれど、それは人権問題として見たらどうなんだと考えて、止めるような考え方を一人でも多くの人が持ってほしいと思います。

無関心が許される社会の空気はどうしても内面化してしまうので、自分の中の差別性というのを自覚することは大事だと思います。だから人権教育をしっかりすることですが、学校ではなかなかそこまでいかない段階のときは、やっぱり家庭教育がすごく大事なんじゃないかと思います。

私も二人の子供に言ってきましたが、はっきり言ってうるさいと思われてきました。「お母さんはフェミニストだからね、僕は違うけど」「お母さんは、なんか意識高いけど、私は別に」みたいな感じでした。だけど年齢がいってきて、いろんな場面を経験して、特に娘はアメリカに留学して自分自身がアジアンヘイトにあったときに、私の言葉を思い出したって言うんです。私の話はなんかうっとうしくて、お説教みたいと言われたけど、差別性を自覚できたようです。

どう自覚させるかですが、なかなか難しいです。たとえば、日本のお笑い文化の中にかなり差別性を助勢する要素がたくさんあるんです。テレビのお笑い芸人の中に、それから男性のホモソーシャルな空気の中で、笑うというのも笑《え》みの笑うではなく、馬鹿にして嗤《わら》う空気が濃いです。そんな世相のなかで、これはちょっとよくないよねと、いちいちうるさいと思われながらも、私は結構言い続けてきました。

＊社会構造と法制度

勇気を持って、そういうことを言い続けるうるさいおばさんやおじさんになることが大事じゃないかと思います。それは日常生活のミクロでできることですけれど、マクロということでは、やっぱり社会の構造を変えることだと思います。そして制度です。法律をつくる、差別禁止法をつくることです。

この構造を変えるのは、くり返しますが、やっぱりマジョリティです。私はマジョリティの人に少しでも届くといいなという考えを持ちながら、差別のことを扱った小説を書き、歴史のことを書いたりします。でも、そもそもの目的はそこにあるのではなく、物語を紡いだ結果としてそういうことに繋がればいいなあという思いはあります。

そして構造を変えるためには、やっぱり政治を変えるということになっていきます。政治を変えるということはどういうことか、政治を変えるとまではいかなくても、そのアクションを起こすということはできます。ちょっとしたことでいいんです。できない人は、その人が置かれた環境によってできないのだと思います。会社に勤めていれば、周りの空気と違うことを一人だけで言えないこともあるでしょう。でもそれは、例えばＳＮＳなら言えるとか、できる範囲で思い切りやることが大事だと思います。

＊国家と人は別、属性で決めつけない

それから、この「韓国なんていらない」もそうですが、決めつけないことです。世界にはいろんな国があります。私は五年前にロシアを旅行しました。モスクワとサンクトペテルブルクに行きましたが、素晴らしかったです。出会った人々もとっても素敵で、このときの経験から、侵略国家としてのロシアとその国に暮らす人は別であるということを常に自覚したいと思っています。

ただ、その国の国家体制をサポートしている事実が一方であるので、そこは担保しますが、この国の人だからこうだと短絡的に結びつけないことは大事ではないでしょうか。

それから主語を大きくしないことです。何人《なにじん》はどうとか、東京の人はこうとか、大阪の人はこう、女はこう、男はこう、韓国人はこう、慶尚南道の人はこう、光州の人はこうとか決めつけない。その主語の中には多様な人がいるので、属性によって規定しないことです。このことを常に意識することは大事だと思います。

そして自分個人の経験を一般化しないことです。自分が経験したことは貴重で尊く大事なことですが、「私はこうだからあなたもこうでしょう」とか、「私はこうだから世の中こうでしょう」というふうに一般化しないことですね。

マイクロアグレッション（無意識な差別）を防ぐこと。よく例に出されるのは、見た目が東洋人じゃない人に「日本語が上手ですね」とか、名前を見て「朝鮮半島ルーツの名前だな」と決めつけて、「日本語上手ですね」と言ったりする。そういったものが無意識の差別に当たるんです。それぐらいのことでと思うかもしれませんが、自分が意図しなくても、受けた人が差別だと思うようなことは差別なんです。言葉に慎重になるということです。欧米の人は、傾向として、「ウエアユーフロム」どこから来たかのかをあまり聞かないぐらい、慎重だということもあるようです。

＊ヘイト暴力のピラミッド

いまどうして、私がこんなにヘイトスピーチに危機感を募らせているかというと、結局ヘイトや暴力というものはどんどんエスカレートしていくからです。これは見たことある方も多いかと思います。ヘイト暴力のピラミッドです。

偏見から始まって憎悪になり、暴力になる。民団への襲撃もそうですし、ウトロ地区への放火事件もそうです。いま実際に、暴力事件、つまり暴行、脅迫、放火が起きています。

ですからジェノサイド、関東大震災で起きた朝鮮人虐殺の一歩手前です。「こんなに平和な日本で？」と思うかもしれませんが、実際にヘイトで、レイシズムに基づく暴力行為が起きていま

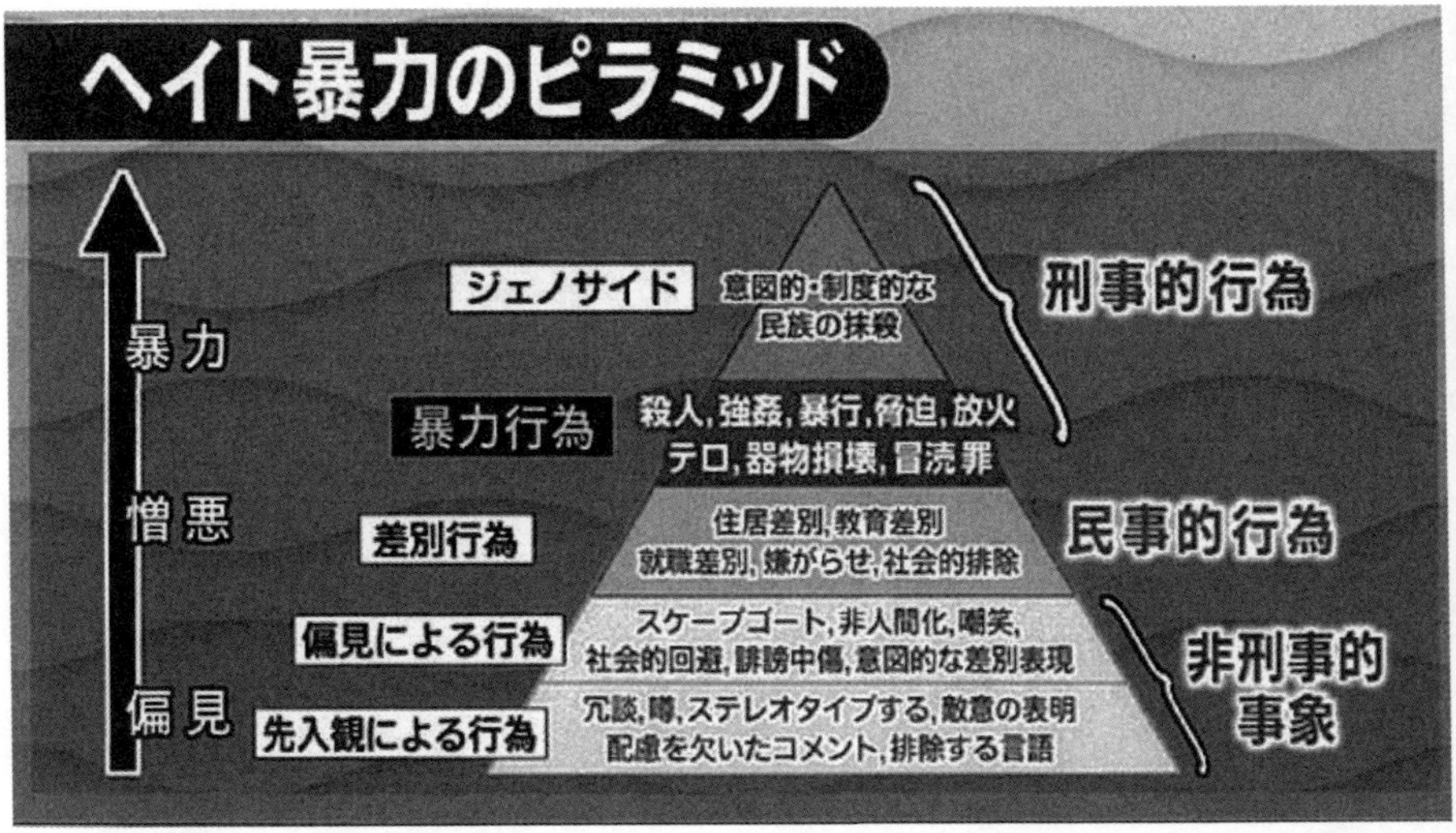

この図は、アメリカの学校などでよく用いられるヘイトの概念。マイノリティに対する暴力行為は突発的に始まるようなものではなく、まず最下層の悪意なき先入観が社会に浸透した状態が土壌となり、偏見に基づく具体的な行為が行われる。こうした行為の数が増えるなかで制度的な差別、さらに暴力行為が発生するようになり、当初は散発的なものが徐々に社会全体に蔓延する。

す。これはしっかり認識して止めていかなければならないと思います。

ピラミッドの下の方は、マイクロアグレッションだったり、「冗談、噂、ステレオタイプする、敵意の表明、配慮を欠いたコメント、排除する言語」ですけれど、上にはわりと一気に行くんです。徐々に、だんだんという感じじゃないんです。日本社会はこの階段を上がっているのではないかと心配しています。

■まなざしをはぐくみ構造を変える

この階段を上らないためにはどういうまなざしをはぐくむかとか、どう構造を変えたらいいか。差別の問題は個人が克服する問題ではありません。

それぞれの人が差別的意識を持たないことはもちろん大事ですが、社会構造を変えたり法律をつくらなければいけない。思いやりを持つことは、人間として最低限当たり前のことですが、道徳教育や思いやりだけでは差別は解消されません。

例えばよく言われる言い訳で、「私は韓国が好きだから」とか、「韓国人の友だちもいるし、私は差別しない」ということではダメなんです。好き嫌いの問題ではないんです。想像力を持って傷つけない、ケアをするのはもちろんのこと、そこから一歩、社会の構造を変えるところまで踏み出していかないと変わっていかないと思います。善意や良心だけに頼らず、自分の周りにいないから問題ではないと思って見過ごさないことです。

＊属性ではなく、構造として捉える

どういうまなざしを持つかということですが、その人の属性ではなく、行動で人を判断することですね。比較はしない。そして、構造の問題を考える訓練をすることです。どういう構造があってこうなるのか、社会のしくみによってこうなるのか考える。これはちょっとしたコツですが、「この人は差別されてる、↓どうしたらいいか、↓社会・構造でしくみができている、↓じゃあそれを変えていかなきゃいけない」というふうに、論理的に組み立てていく訓練というものは、そんなに難しくないんです。

それを常に考えて、どこが問題なのか、この法律をつくるためにどうしたらいいか、自分がアクションできて時間が空いていたら議員さんにロビーイングしたり、法律案を出してくれるような議員にアプローチする。検討する委員会の人にアプローチする。そういうことは大きな政治活動というほどではないんです。でも差別を止める大事なアクションです。そういうことまで踏み込んでいけたらいいと思います。

しくみを変えたり修正するにはどうするかということを、いつもでなくてもいいけれど、差別問題を目の当たりにしたときだけでも考えていただければと思います。

ネットではフェイクニュースが多いので、それをむやみに拡散しないことはもちろん、客観的歴史や事実を知るということも大事だと思います。悪い物語というのもたくさんあって、今回の入管法の改悪について見ていると、外国人放免者の支援団体が入れ知恵したから、ハンストをしたんだというような物語です。フェイクニュースだと思います。そういうものをつくらない、流されない、信じないことが重要だと思います。

＊社会を変える、個人をケアする

先ほどから「構造」「構造」と言っていますが、要するに日本社会の問題ですから、それを考え続け、具体的なアクションをしていくことです。ヘイトスピーチ規制法などの法整備ができ、川崎では罰則つき条例も成立しましたが、やはり包括的な差別禁止法というものをつくっていく必要があると思います。

これは在日コリアンや外国人に対するヘイトスピーチ・ヘイトクライムだけではなく、女性やＬＧＢＴＱの方々を含めた包括的な、すべての差別を禁止する。国連では人種差別撤廃条約が採択され日本も加入し、取り組む約束をしたわけですから、きちんと差別禁止法をつくらなければいけないわけです。国連から勧告も受けています。今回のウィシュマさんの事件なども含めて、真剣に考えていくということが大事だと思います。

メディアの問題もかなり大きいと思います。メディアに働きかけるときには、社会全体を変えることと、自分の周囲つまり個人のケアをすることと、両方同時にやっていくということも必要だと思います。

怪我をしたときには、すぐ血を止める、傷を縫うという対処療法をします。傷ついた人、ヘイトスピーチ浴びた人、犯罪に遭った人、いろんなことでケアをすることがまずそれに当たります。それがメンタルケアの必要性ということにも当たります。根本治療は法律をつくったり、社会を変えるということなので、その両方を同時にやっていくことが大事だと思います。

それはつまり、社会を変えることとまなざしを育てて手を差し伸べることを同時にやっていくということです。

「ヘイト暴力のピラミッド」にもどると、ヘイトクライムが起きている段階なので、今はジェノサイドに近づいている。関東大震災の朝鮮人虐殺が起きた空気と近い。その事実すらなかったことにしたり忘れようとしている姿勢が大問題です。

今日の一番最初に、「百年前と変わったか」というような問いを立てましたが、変わってない部分が根強くあるのではないかと私は思っています。ありがとうございました。

〔質疑応答〕

（Q）李東愛さん、深沢潮さんのいまの国籍はどこですか。

（A）日本国籍です。子どもを妊娠中の三〇歳のときに、日本国籍を取ると決めました。当時、結婚していた相手が医師だったので、将来開業するときのために国籍を日本に変えた方がいいのではないかという判断がありました。その彼も私と同じように在日一世と二世の子供でした。お父さんは開業されていましたがいろんな苦労をされていて、「私が朝鮮人だからな」みたいな思いをもたれたりしていましたし、私もすごく就職に苦労したわけで、いろんな理由から国籍を変えることにしました。

（Q）国籍を変えた上で、自分がコリアンルーツだと表に出していますが、この変化は何ですか。

（A）私は結婚するまではずっと通称名を使っていました。母方の祖父が関東大震災の経験があったりして、わりと隠れて暮らすみたいな感じもあったり、姉の体が弱いから本名では余計いじめられてつらいんじゃないかとか、いろんな理由があって、通称名を使っていました。でも結婚の相手は通称名を使ってなかったんです。そのときに、本当に知らない周りの人に、実は韓国籍でという話をして、それで離れていった人もいましたが、結構、「ああ、そうなんだ」っていう感じで、想っていたよりも自然に受けとめられました。そしてその同胞と結婚したことで、家族も増えたし、味方が増えたっていうのがすごく安心できました。韓国人だよっていうことは、あのスピーチアウトっていうんですか、みんなにどんどん言うようになったんです。

国籍はそもそも状態でしかないと、私は思っています。その人を規定するものではなく、いまこの状態というものではないかと思っています。親の国、自分の大事な親族がいる国、民族のルーツ、それから私を育んだいろんな文化というようなものが、朝鮮半島にあるということは誇りに思っています。それは別になにも変わらないということで、日本国籍になってむしろ結構言いやすくなったようなところはあるかもしれないです。でも、法律的に日本国民になると、脆弱な存在ではなくなるので、正直、安心感もあるのかもしれないです。

（Q）在日の先輩女性作家の李良枝（イ・ヤンジ）さん、鷺沢萠（さぎさわめぐむ）さん。もう既に亡くなった方たちに対する思いはありますか。

（A）小説を書き始める経緯を話すと長くなるんでちょっとはしょりますけれども、小説を書くようになって初めて在日文学を読んだんですね。やっぱり在日の人が書いたものは読むとすごく痛いわけです。シンクロナイズするし、感情移入が激しすぎて。李良枝さんの小説を読むのはつらかったんです。

でも、作家になる前、修行してるときにたくさん読みました。素晴らしい文学だけれどつらいなと思っている時に鷺沢萠さんの作品に出会いました。こういう書き方で書きたいという思いを持ちました。私は鷺沢さんの小説に出会ったことが作家になることに繋がったと思います。『ビューティフル・ネーム』という最後の方に書いた小説がとても好きで、その小説が与えてくれる読後感というか空気を、私も見習いたいなと思っています。

(Q) 在日の問題では、精神疾患の問題が重要だと思います。先ほど、在日だから逆に憎み、自分自身を否定するというお話がありました。民団にはオリニ土曜学校という在日の子どもたちに韓国語などの民族素養を身につけさせる教室がありますが、そこは在日の子供を対象にしようとしていたのに、実際はほとんど来てない。来ている大人は韓国の好きな人たち。ほとんどの子どもはお母さんが韓国人で、お父さんが日本人です。

この子たちは小学校ぐらいのときに韓国にしょっちゅう行っていて、韓国語もベラベラで日本語もベラベラですけど、中学ぐらいになると、だんだんそれを否定していく過程があると思うんです。それが自己否定になって、逆に韓国とか朝鮮であることを否定して憎むという一つのパターンがあると思います。

そこで中三ぐらいになると喋らなくなる。そして友だちに自分は韓国人だと言わないような環境ができてしまっているような気がして、その子たちを救う方法がないか。

それからもう一つ、逆のパターンとして、在日の父親と日本人のお母さんが離婚したときに、日本人のお母さんについて行って、父親とともに民族も併せて否定する。するとその子供は自分を半分否定することになって、精神的に負担を抱えるということがあると思うんです。

この二つの大きなものをどうかして救ってあげることできたらいいなって思います。

（A）とても難しい問題です。日本人のお父さんと韓国人のお母さんという中に、まずその家庭の中で差別意識があるわけです。そこが第一の問題であるし、在日のお父さんと日本人のお母さんという中でも、オールドスタイルの在日の家庭だと家父長制を強く継承している家庭の雰囲気があって、離婚したあともお父さんは嫌だっていうことで韓国人全体も嫌になる。

これはやはり、いろんな韓国人を見たり韓国に触れたりすることがすごく大事かなと思います。韓国のカルチャーもそうですけれども、全てがいいわけじゃないし悪いところもある。韓国人の中にもいい人がいれば、もちろん嫌な人もいる。だから韓国の多様なものや人に触れるような機会があるといいのかなあとは思います。

自分を否定することはつらいので、きっとどこか肯定したい気持ちは残っています。現時点では否定に走ってしまうかもしれませんが、何か出会いがそれを変えるかもしれません。韓国を好きになろうとか、在日を認めようとか、自分のルーツを認めようというようなアプローチだと、拒絶反応があるかもしれないので、なにか違う出会いがあるのが一番いいかなと思います。

あと、うち子供の例で言いますと、息子は結構自分のルーツに否定的なところがありました。中学校のときに隣だった子が、2チャンネルなどを見る子で、私、「在日特権」という言葉は息子から聞いて知ったぐらいで、そういうものに影響されていました。いろんな韓国に否定的な本を読んだりもしていて、「この子何を言ってんだろう」という時期があったんです。だけど海外に行って、コリア系アメリカ人や韓国から留学している子に会ったりとか、コリアルーツの多様性に触れ、韓国人でもいろいろいるということがわかったときに、自分のルーツを、韓国を受け入れられるようになったんです。

だからこれからの時代は、在日とはなにかを語るのも難しい時代になってくると思うんです。いろんなパターンがあるし、ミックスの子も多いと思うので、そういう多様性に触れるというか。どういうふうに触れたらいいかというと、すぐには答えられないのですが、段階的な機会があればいいのかとは思います。言葉を教えるのも、少し本人が積極的になってからの段階じゃないかなあと思います。あんまり答えになっていないかもしれませんが。

（司会）ありがとうございました。

（日韓記者・市民セミナー　第四七回　二〇二三年五月三一日）

第Ⅲ講　指紋押捺拒否からヘイトスピーチ根絶へ
――ピアノ、マイアイデンティティ

崔　善愛――ピアニスト、『週刊金曜日』編集委員

（司会　裵哲恩）

今日の講演とコンサートのきっかけを少しだけ話させて下さい。

これから講演される崔善愛（チェ・ソンエ）さんの亡くなったアボジは崔昌華（チェ・チャンファ）という方で、在日大韓基督教小倉教会の牧師でした。静岡県の寸又峡《すまたきょう》で起きた金嬉老（キム・ヒロ）の事件をご存じでしょうか。彼が旅館に立てこもったとき、北九州から説得に駆けつけた方です。

在日外国人・韓国人の人権を侵害する、外国人登録法に定められた指紋押捺。指紋を押した登録手帳の常時携帯制度。一世たちはこの登録証を「犬の鑑札」と言っていました。

三年に一回の登録のたびに指紋を押さなければならない。しかも一四歳、中学二年ぐらいからです。そういうことを日本政府はずっと在日韓国人・朝鮮人を含む外国人に強いてきました。日本人なら犯罪者でない限り強制されることのない指紋押捺を法律で強いてきました。この人権侵害の不条理に対して立ち上がったのが崔昌華牧師でした。

うちはクリスチャンホームで、崔昌華牧師は月に一回程度、小倉から宇部教会に説教に来られました。そのときに強く語っておられたのが指紋押捺の問題です。

当時大学生だった私は、キリスト教徒としての説教というよりも、日本社会を告発するような説教に心を揺さぶられました。自分もいずれ結婚して子供ができたら、親の立場で指紋押捺を強いるのかと悶々と悩んでいる頃に、今日の講師の善愛さんの妹の崔善恵（チェ・ソンヘ）さんが一六歳で初めて指紋押捺を拒否しました。そのニュースに接したときに、外国人登録法を廃止しなければならんと強く思いました。そのことがあって、大学卒業後にいったん宇部には帰りましたが、再度二八歳の時に上京して、こんにち、ここに立っている次第です。

青年会と婦人会の有志が指紋押捺を拒否して、あえて司法の場に訴えて闘ってきました。その歴史があったからこそ、指紋押捺制度は廃止され、外国人登録法という法律もなくなりました。私たちは婦人会、青年会などの組織として運動しましたが、崔善愛さんには在日大韓教会という母体があったでしょうけど、非常に苦しい個人の闘いを強いられただろうと思います。

私の人生の進路を決めた崔昌華牧師、その娘さんの善愛さんの語りとピアノ。最後までご清聴よろしくお願いいたします。

♪♪ ピアノ演奏――ショパン　幻想即興曲　嬰ハ短調　作品66

＊在日の教会と日本の学校

御紹介いただきましたように、私の実家は北九州の小倉で、在日の人たちが集まる教会でした。今思えば、特別な場所だったなというふうにやっぱり思います。

「在日」と一言で言っても、いろいろなところで育った方がおられます。関西の方でしたら、むしろ在日がマジョリティの町があるというふうにも聞いておりますし、周りに一人も在日がいなかった。自分自身が在日であるということがよくわからなかったという人もたくさんいます。

私の場合は日常的に在日一世の方々に囲まれて

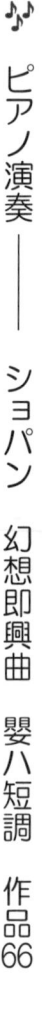

育って、当時は幼いために歴史のことが全くわからず、なぜこの人たちはここにいるんだろうという思いがたいへん強くありました。

学校は地元の公立でしたので日本の教育を受け、日本人の友達と遊び、そして日曜日ごとに在日の人たちが来るという、二つの世界を行き来しながら、自分は在日という世界で生きていくというよりも、ここは日本なんだから、日本の社会の中で生きていきたい。そういうふうに思っていたような気がします。

ですから、教会にやってくるハルモニたちが何を思い、なぜそこにいるのかということを深く知りたいという気持ちよりも、自分はもっとどこで勉強すればいいんだろうとか、そういうことばかり考えてたように思います。

実は、後ほどお話ししますけれども、私はアメリカに二六歳から二九歳まで三年間留学しました。日本を離れたときに初めて在日とは何かということを、ようやく考えられるようになったという、ちょっと自己紹介ですが、そんな気持ちでここにいま立っています。

■ショパン　革命のエチュードに秘めた思い

＊植民地支配下のポーランド

今日の前半は主にショパンの話をさせていただきたいと思います。

ご存知のように、ピアノを弾くのであれば、やっぱりショパンが弾けるようになりたいと思って習い始める人がたくさんいます。私も中学生ぐらいからショパンを弾き始めて、そして今も一番よく弾く曲はショパンです。

ショパンは一八一〇年、今から二〇〇年以上前にポーランドで生まれ育ちましたが、父親は実はフランス人でした。

ショパンの音楽はポーランドの魂というふうに表現されますが、家の中ではフランス語と母親が話すポーランド語、この二つの言語で話していたそうです。そして父親は、フランス語をポーランドの子供たちに教える仕事をしていました。

そんなショパンですけれど、天才的なその才能を幼いときから発揮して、ポーランドを代表する音楽家とまで評価されるようになり、一九歳のときにワルシャワ音楽院を卒業します。

当時ほとんどの音楽家がそうだったと思いますが、音楽大学を出たのであればパリかウィーン、あるいはロンドンに行って、自分の音楽を試してみたい、確かめてみたいという思いが彼の中にもあったのかなと思います。

それだけではなく、当時ワルシャワはロシアの支配下にありました。植民地支配に苦しむ人々が独立を求めて、いろいろ話し合っていました。そしていよいよ、独立を求めるための武装蜂起です。ポーランドの人々が銃を持ってロシア兵に立ち向かう、そういう不穏な空気というか、そういうものが流れていました。彼が一九歳のとき（一八二九年ころ）。そのとき父親がショパンにこんな言葉を言いました。

「フレデリック、お前はできるだけ早く、ポーランドを離れた方がいい。革命の波はヨーロッパ中に広がろうとしている。今にポーランドでも、ロシアからの独立を求める運動で、国内が混乱するだろう。それに巻き込まれれば、お前の音楽家としての将来はなくなってしまう。国を出るしかない」

父親はショパンに、もうすぐ戦争が始まるから国を出なさいと促すんです。

でもショパンは、どうしても国を出る決心がつきません。なぜ僕がこの国を離れなければいけないんだろうと…。このとき彼が言ったのが「僕はもう二度とワルシャワに戻って来れないような気がする」という言葉でした。

結果的に国を出ますが、そのときワルシャワのコンサートホールで最後に告別演奏会を開き、そこで弾いたピアノコンチェルトの第一番、その第二楽章の冒頭部分だけをここで演奏させていただこうと思います。

♪ ピアノ演奏——ショパン　ピアノコンチェルト第1番　第2楽章

この曲はショパン自身が大変気に入っていて、パリに行った時の最初のコンサートでも弾いています。彼にとってはいろんな思いのつまった、特に愛した曲なんだろうと思っています。

これは二楽章で大変静かな感じですけれど、この曲について彼はこんな言葉を残しています。

「この曲はまるで月の光に照らされた湖のようだ。僕はこの光の中にワルシャワで過ごした全ての思い出をつめ込んだ」

そのように書いた手紙を残しています。

＊ポーランドからの出国と支配国オーストリア

実は、二〇一〇年のショパン生誕二〇〇年という企画で、岩波書店からジュニア新書の『ショパン』というのを書かせていただきました。

私はそれまでポーランドに行ったことがなかったものですから、ポーランドに行かないでこの本を出すわけにいかないという強い思いがありました。

そしてもう一つ、私には疑問があったんです。それは、ショパンの父親は、住んでいたフランスからなぜポーランドに来たんだろうということです。フランスは当時大変栄えていて華やかなところでしたが、ポーランドはいろんな意味で不安定で、植民地支配を受けていますし仕事もなかったはずです。その疑問はちょっと解けたので後でお話ししたいと思います。

ショパンは父親に、早く出国しなさいと言われましたが、大親友のティトゥスにこう話しました。「君も僕がポーランドを離れた方がいいと思う？　僕だってポーランドのために、武器を持って戦いたいんだ」と。それにに対して、友達はこういうふうに答えます。

「君ができることは武器を手にして戦うことじゃない。音楽を作ることだ。ポーランドの魂を感じられる音楽を、このポーランドの悲劇を、世界中の人に響き渡らせてほしい。そのことが君の使命なんだ」

その言葉を受けて、彼はいろいろ迷います。植民地支配を受けているポーランドに再入国するには許可が必要です。再入国を許可するのはロシア政府です。ところがロシア政府は、危険人物だとショパンにレッテルを貼っていました。

一六歳の頃から彼はいろんなグループのところに顔を出すようになったんです。それはたとえば新聞記者やポーランドの詩人たちでした。その人たちが話し合っていたことは、ポーランドの独立です。それをロシアの秘密警察のような人が後をつけて、危険人物だと結論づけていました。そのことがあって、彼は奨学金を申請しても得ることができませんでした。ですから、彼は国を一旦出たら再入国できないと感じたわけです。それでも彼は、国を離れました。それが二〇歳のときでした。

まずはオーストリアのウィーンに行きました。オーストリアという国もポーランドを支配していたんです。当時、ポーランドはプロイセン（ドイツ）とオーストリア、そしてロシアと、三つの国によって分割統治されていたんです。

その一つであるウィーンでしたから、ある口喫茶店で隣に座った人が、「神様がポーランド人をつくったのは失敗だよね」と話すのを聞くことになります。

そういうある種の偏見というか差別的な言葉に接すると、ウィーンの華やかな音楽会に行っても怒りしか湧きません。自分はなぜここにいるのかという思いしか沸いてこない。

「僕はドナウの川に向かって思いっきり叫びたい。そして、家に帰って、ピアノに向かって泣いている」というふうな日記を書き残しています。

そういうショパンですから、ウィーンが嫌になり、パリを目指します。パリに行くのも当時は馬車ですから、かなり時間がかかります。パリにつく前に、いろいろなところで新聞を読んでいると、いよいよワルシャワの蜂起が始まったことを知ります。そして人々が捕まって、ロシアのシベリアに次々に送られ、その数は最終的に二万人近くに及ぶだろうという記事に接します。

それで彼は、家に帰ってまた日記を書きます。

ここである方に、私の代わりに彼の日記を読んでいただこうと思います。

＊シュトゥットガルトの日記

実は、私はどうしてもショパンの日記や手紙を伝えたいという思いから、ピアノ演奏に朗読を入れたCDをつくりました。そのとき朗読を担当してくださった方が、当時朝日新聞の記者の本田雅和さんでした。今日たまたま、この会場に来てくださっていることがわかりまして、こういう機会はもうめったにないので、読んでいただこうと思います。

「シュトゥットガルトの日記」と言われています。私たちピアニストはこの日記を理解しないと、ショパンを理解したことにならないというふうに私は思っています。

（本田）では、シュトゥットガルトのショパンの日記を読ませていただきます。

【朗読】

郊外は破壊され、焼き尽くされた。ヤシュとヴィルシはおそらく塹壕で戦死したことだろう。マルセルは捕虜になったのが見える。われらがソヴィンスキーは悪党の手に落ちたか！　パスキェヴィチ、モギリョフから来た犬どもが、ヨーロッパ第一級の王国に君臨したとは…。モスカルがヨーロッパと世界を征服したのか？

おお、神よ、あなたはおいでになるのですか。おいでになるのならどうして復讐してくださらないのですか！　それともさらなるロシア人の罪を望んでいるのですか！　それとも、まさか神よ、あなたもロシア人なのですか！

かわいそうなお父さん、僕の敬愛するお父さんが、空腹に苦しみ、お母さんにパンも買ってあげられないなんて。姉さんたちは、凶暴なモスカルたちの手に落ちたかもしれない…。ああ、お父さん、年老いてこんな目にあうなんて！　お母さん、嘆き悲しむお母さん、自分の娘の骨がロシア人の足で踏みにじられていくのを目の当たりにするとは！　ポヴォンスキ！　エミリアの墓は無事だろうか？　教え子も、屍が積み上げられている。数千もの屍が積み上げられている。

彼女、コンスタンツィヤはどうしているんだろう？　どこにいるのか。かわいそうに、おそらく数人のロシア兵の手に、ロシア人が彼女の首を絞め、殺し、虐殺する！　ああ、僕の命よ、僕はひとりだ。ここにおいで。君の涙をふいて、今の傷を癒し、昔のことを思い出そう。

僕の母さんはとても優しい。でも、でも僕にはもう母はいないかもしれない。おそらくロシア人が殺した、殺されたんだ。姉さんと妹は、狂乱して、抵抗して、父さんはなすすべもなく絶望している。そして、僕はここにいる。無力だ！　手には武器もなくここにいる！　ときどき、嘆き、苦しみ、絶望をピアノにたたき出すことしかできない！

おお、神よ！　大地を揺るがせ。この世の人びとを呑み込ませてしまえ！　我々を助けようとしないフランスには、重い罰を与えよ！

♪ ピアノ演奏――ショパン　革命のエチュード　ハ短調　作品10－12

本当に突然のお願いでしたがさすがです。ありがとうございました。

ピアノを習うとき、たいていピアノの先生は「とにかく楽譜をよく読みなさい。楽譜にすべてのことが書かれている」と言います。私も一生懸命、毎日毎日楽譜を見ながら、こうかなあと考えながらずっと演奏してきました。

確かにそういう面もあるんですけど、やはり楽譜だけではわからないなと、私はいま思っています。作曲した人が空気を吸ったその国の歴史を知ることによって、もっといろんなことがわかります。三〇歳ぐらいになってようやくわかりました。

この曲のタイトルは「革命のエチュード」ですが、私はむしろ「シュトウットガルトの日記」というようなサブタイトル的なものを付けたいと思います。

この日記はあまり日本では紹介されていないし、ほとんど知られていません。でもヨーロッパでは当たり前にみんな知っている日記です。二〇一〇年にマケドニアに行ったときに、音楽祭でたまたま隣にいたスウェーデン出身のピアニストといろんな話をする中で、この「シュトウットガルトの日記だよね」」といった話になり、あれこそだと意気投合したことがありました。

今、ロシアとウクライナの状況があまりにもひどい状態に陥っています。歴史というのはなぜ変わっていかないのだろうという思いが本当に強くあります。

実は東日本大震災で多くの方が津波に流されたときに、私はこの日記を読めなくなりました。最後の言葉、「神よ、この世の人々を大地に呑み込ませてしまえ」です。この言葉が、口に出しては言えない気持ちになって、読まなくなりました。

それから本田さんは新聞記者で言葉には徹底的にこだわってらっしゃる方ですから、実は私がお願いしたこの日記の翻訳には、納得されていないところがあるんです。ロシア兵がショパンのお姉さんたちを、おそらくレイプしてる、辱めを与えるという言葉をどういうふうに日本語に訳せばいいかということです。私はその直接的な表現について自分の中ですごく悩んで、言葉をちょっとぼかすというか、ちょっと逃げたっていうか…。

そのときは本田さんは、本当にそれでいいのかというふうに、たぶんいまも思ってらっしゃると思います。

とにかくそういうこともあって、ショパンを聴くことの現代的な意味を、改めて私の中で、また違った意味を与えられているというのが正直なところです。

＊パリ、亡命者の集まりと難民コンサート

ショパンがパリで何をしていたかというと、難民コンサートです。パリの中心部にお屋敷がありまして、そこにはポーランドから逃れてきたいわゆる文化人、嫌な言い方ですけれどいわゆる知識人、大学の教授とかの亡命者たちが集まる場所がありました。

そこでポーランド・パリ文化協会というものが立ち上がったんです。おそらく朝鮮半島も植民地支配下にあったときに、そういったものが北京かどこかにあったんではないかと思われますが、要するに植民地支配を受けることによって自分たちの文化が否定され収奪され、それを表現することができなくなったとき、人々はその場所じゃない場所に、文化を運んでそれを保存し伝えようとする。

ポーランドの人々は文化財をパリに運びました。そして文化協会というものを立ち上げました。そこに彼は行って演奏していました。ショパンは当時、そういう人たちに向かって曲を作っていたんです。

ある日一人の老人が、演奏後にそばに来てこう言いました。

「あなたの音楽の中にあるそのメロディは私が幼い頃に母親から聞いた子守唄です。どうして母が歌ってくれた子守唄をあなたは知っているのですか」

ショパンは小さいときから結核を患っていて、お休みになるごとにポーランドの田舎に行って、空気のいいところで療養していました。単に療養するだけでなく、彼はその土地の民謡を集めて、そのメロディやリズムをノートに書いたんです。そのノートを持ってパリに行ったんです。これはショパンだけがやったことではなくて、植民地支配によって、特に都心ではそういう歌が歌えなくなったんです。

このままいくとたぶん奪われてしまうという危機感から、多くの人たちが民謡を採取しました。そういうことが歴史の中で生まれています。

ショパンは難民やポーランドの人たちのためにたくさん曲を作ったわけですが、これから弾く曲は実は遺作と言われている曲です。

この曲の中間部には当時一番流行していたメロディがでてきます。明るい部分のメロディですが、そのメロディには歌詞が付いています。「もし僕に翼があったら、あなたの窓辺に行けるのに」というものです。

もし自分が自由だったら、あそこにも行けるというのは、結局ロシアの支配によって自分は自由がないということですから、誰が作ったのか、名前は伏せられていたんです。ところが、この曲によって作曲はショパンだったということがわかりました。そういう曲です。それでは聴いてください。

🎶 ピアノ演奏 ―― ショパン　ノクターン　嬰ハ短調　遺作

＊音楽に込めた抵抗の意思

ショパンの音楽はすごく繊細で女性的で、ロマンチストなんだろうなと思われることが多いです。しかし当時、ショパンと一緒に過ごしていたロベルト・シューマンやフランツ・リストは、ショパンの音楽をこういうふうに言いました。

「彼の音楽はまるで喪服を着ているようだ。何かしらの悲しみに沈んでいる」

「彼の音楽はまるで花束の中に隠された大砲のようだ」「その大砲に、ロシアの皇帝ツァーリが気がつけば、彼の音楽は禁止されるだろう」

ですから、そばで見ていたシューマンは、彼の音楽には抵抗の思いがあることをちゃんとわかっていたんです。そのことを私がはっきり確信したのは、彼がパリに行って四年目の一八三〇年にあったある出来事です。彼がパリで活躍しているときのこと、彼のもとにロシア皇帝から遣わされた人が来ました。

ショパンをロシア皇帝専属のピアニストにしてやるというオファーです。これに対して、ショパンはこう答えました。

「僕は一八三〇年一一月、あのワルシャワ蜂起のとき、あのとき僕はあそこにいませんでした。しかし僕のこころは、彼らとともにあります。ですから僕は自分のことを、亡命者だと思っています」

ロシア皇帝に向かってです。私はこの言葉を知ったときに、これで本が書けると思いました。私は勝手に、ショパンのポーランドへの思いを単なる望郷の念といったものではないと思ってきました。彼の中に何かしらの抵抗を感じてきました。例えば革命のエチュードです。

＊フランス国籍の取得と祖国ポーランドへの思い

彼はその後にフランス国籍を取得しました。すなわち、国に帰れなくなりました。

そのショパンに対して父親がこういう手紙を書くんです。

「お前いい加減にしなさい。お前ほど活躍しているピアニストであれば、ロシア皇帝あるいはロシア大使館に行けば簡単にビザが取れて、ワルシャワに帰ってこれる。そしたら家族が会える。どうしてそれをしないのか」

手紙を何度も送りましたが、ショパンは親の思いを知りながらもそれをしませんでした。なぜか。それがショパンの抵抗の意思だったと私は思っています。先ほど申し上げた難民の人たちが集まるお屋敷の文化人たちも、だんだん耐えられなくなってポツポツ故郷に帰り始めました。ところが彼は、ある種貫きました。

ですが、だんだん体が弱くなります。結核がますますひどくなって体重が落ちて、四〇キロを切り三八キロぐらいに痩せ細り、もう人前ではピアノが弾けません。そんな状態になって、いよいよ僕はもうダメだというふうに思います。そして故郷のお姉さんに手紙を書きました。「お姉さん、僕はもう病気です。どんな医者も僕を治すことはできません。何とかして僕に会いに来てください」と。ショパンだけではなく、だれも簡単にはビザが取れません。国を離れたら帰れない状態に陥るという状況の中で、「お姉さん、会いに来てください。お金がないなら、病気が治ったら働いて、そのお金を返しますから」というような手紙を送ります。

それまで「僕は元気です心配しないでください」という手紙しか書いてなかったので、お姉さんたちはびっくりして、いろいろ裏の政治的な力を駆使し、危篤だからと言って、ショパンのもとに行きました。

そして危篤のショパンはお姉さんに三つ遺言を残しました。一つは僕が死んだらお葬式で僕の曲を流すのはやめてほしい。モーツアルトのレクイエムにしてほしい。彼が好きな音楽家はモーツァルトでした。

二つめは、僕が書き残した作品で、出版されていないものは全て焼き捨ててほしい。要するに自分が納得できないものを出してほしくない。でも先ほど演奏した遺作はその一つなんです。焼き捨てられるかもしれなかった曲です。

そして三つめの最後の遺言が、僕が死んだら僕の心臓をワルシャワに持ち帰ってほしいというものでした。

アジアにはそういう文化はないかもしれませんが、ヨーロッパでは、有名人だけかどうか知りませんが、亡くなった人の心臓をくりぬいて特殊な液体に詰めて保存する技術がありました。

ショパンの心臓は壺に入れられ、お姉さんがスカートの下に隠して持ち帰り、ワルシャワの彼らの家の隣にある聖十字架教会の柱に埋め込まれました。それは今もそこにあるというわけです。

それではショパンの曲でもう一曲、「別れの曲」を聴いてください。彼はこの曲をひとりの弟子が弾いたとき、空を見上げて、「おお、祖国よ」と言いながら涙したというふうに弟子は書き残しています。

♪ ピアノ演奏――ショパン　別れの曲　ホ長調　作品10-3

*ナチスドイツのポーランド侵攻とショパン

葬式ではちゃんとモーツァルトのレクイエムが演奏されました。

ポーランドは、第一次世界大戦が終わった翌年の一九一九年にようやく独立を果たします。じつに一二三年間の侵略を経て、ポーランドという国がようやく独立しました。その初代大統領はパデレフスキーというピアニストでした。

今日は持ってきませんでしたが、「パデレフスキー版」というエディションがあり、それがピアノの本になっている大変有名な人です。この人は何度もアメリカに行って、戦争が終わったらポーランドの独立を約束してほしいとアメリカ政府に働きかけました。それだけではないと思いますけれども、功を奏して第一次世界大戦後にポーランドは独立しました。

ところが、そのわずか十数年後に第二次世界大戦が始まり、最初にドイツがワルシャワを攻撃しました。そして八割がた街が破壊されます。ショパンの心臓が埋め込まれた聖十字架教会はワルシャワ大学の目の前でしたから中心部です。ここに爆撃が落ちることを知った一人のドイツ兵が、司祭のところに行って爆弾が落ちるからこの心臓を今日のうちに避難させてくださいと言うわけです。ショパンの心臓はどこかの田舎に隠され、戦後、教会に戻されたというふうに私は聞いています。

二〇一〇年、ショパンの心臓は一体どうなってるのか見てみたいっていう研究者たちが、柱を開けて心臓を見たことはご存知ですか？　新聞に載りました。そして開けてみたら、なんとピンク色で、まるでいま体から取り出したみたいに美しい心臓がそこにあったというふうに聞いています。また、そのまま戻されたようです。

心臓の話だけではなく、ドイツがワルシャワを攻めたときやったことはもう一つ、ショパンの音楽を聞くことを禁止しました。演奏することはもちろんですが、家でショパンを聴いていることがわかると殺すことまで起きました。実際に収容所に送られた人もいました。ところが、私が読んだ本によりますと、百三十数戸の家の地下の部屋でショパンを聴いていたといいます。

ショパンの音楽はポーランドにとって特別なものだからこそ禁じられた、そういう歴史があります。

■ポーランドに重なる朝鮮半島の歴史

＊指紋押捺拒否

ショパンの話だけで帰るわけにもいきません。この中にも指紋押捺拒否をされた方もおられるに違いないと思います。一九八〇年ですから今から四二年前、私は二〇歳でした。妹は一四歳。外登法が改正されて一四歳から一六歳に後で引き上げられましたが、当時はまだ一四歳が初めて指紋を採られる年齢でした。中学校二年生というときに、妹は「自分は押さない」と言い、そして私も押さないことを決めました。

あの闘いはいまの私たちにとって何だったのかと考えます。状況がどういうふうに変わったのか、私にはわかりません。日韓関係は最悪だと繰り返し言われていますが、私自身は指紋押捺を拒否す

ることで、在日として生きていく覚悟を決めたという感覚でした。

それまでは、この日本社会で生きていくには、悪いことをしないで真面目に勉強し、何かしら認められるように頑張って生きている姿を認めてもらうしかないと思っていました。

小学校四、五年のころ、父に「いつになったら帰化して日本国籍を取っていいの」って、変な質問をしたんです。父親はこう言いました。

「いつの日かそういう日が来るけど、今この状況ではまだまだだと思う」と。

いま思えば私自身が差別的な人間だったと思います。「国籍って誰にでも与えられるものなの？例えば、私の周りで真面目に働いてない人たちが何人かいるけれど、この人たちがもらえないのは、なにかわかる気がする」というような言い方をしたんです。

真面目に働いて税金を払い、犯罪を犯してないと認めてもらえば、国籍をもらえるのじゃないかというような質問を父にしたことがあります。

父親は怒ってはいなかったけれど、「国籍というのは人権だから、犯罪を犯した人でも、どんな人でも当然持つべき権利だ。誰かがそれを選別するとかということはあってはならない」、そういう言い方しました。

そのときはそうかなあと、真面目に働いてない人でも国籍をもらえるものなのかなあというような、そういうふうに当時感じた自分をすごくはっきり覚えてます。

＊立ちはだかる国の壁、絶望の裁判所

指紋押捺拒否を通して、私が一番良かったのは、日本の国家とは何かということに出会えたことです。

それまではそこから逃げることしか考えてないし、関わりたくないと潜在的に思ってきました。ところが関わらざるを得なくなりました。裁判所でも裁判官からいろいろ言われます。外国人だから、公共の福祉に照らして、人権がちょっと他の人よりなおざりにされても仕方がないというような内容の判決を受けたんです。「公共の福祉」ってなんだろう、「公共」の中に私は入っていないいんだ…。

それまでは父親から聞く植民地支配の歴史ばかりがつらくて、そういう時代の話はもうやめてくださいっていう気持ちだったんです。聞けば聞くほど私は前に行けない。なにか日本人を憎み続けなさいと言われているみたいで、ここで生きていく者に、それはできないという思いがすごくありました。

あなたは牧師なのに、日本人を憎めとでも言うんですかというような感じのケンカをずっとしていたんです。

そうでしたが、裁判をすることによって、図らずも父親の思いが少しわかってきたように思い

ました。

もちろんたくさん、いい日本人にも出会いました。そのことが今の自分を支えていると思います。

ですから、韓国人だ日本人だということで、いい人だ悪い人だとは、とうてい決め付けることはできないこともわかっているつもりですが、しかし国家あるいは裁判所の、私たち在日韓国人・朝鮮人に対する対応の冷たさに接すると、ああ、この人たちは本当に植民地支配をした人たちだなと思いました。

それまでは、なんか過去の事として、その時代のことは聞きたくないと思ってきましたが、裁判所に行くことで、この人達は対等の人間だと全然思っていないと思い知らされたんです。ですから私は裁判所が一番嫌いです。嫌いというか、期待できないと思いました。ずっと有罪判決ばっかり受けましたから…。

ただ一つだけ救われたのは、高等裁判所で再入国許可が取り消しということで永住権を失いましたが、半分勝訴したような判決が一回だけあったことです。

指紋押捺拒否の裁判は、ご存じのように昭和天皇が亡くなったときの恩赦という形で幕引きされました。これをなんというか、私たちはいろんなものを失って、必死で訴えたんです。ありとあらゆる言葉を尽くして、裁判所で訴えました。裁判所というところは自分にとっては簡単な場所ではなかったので、それなりに準備もしましたし、必死で訴えたわけです。

どんなに必死で訴えても伝わらないという悔しさというか情けなさというか、それが私にはいまも大きくて、なぜ伝わらないんだという思いがやっぱりあります。それでもなお訴え続けていくことが時々できなくなりますが、いまはそういう日本国家というか、その裁判所というものを知った以上、いつも声を張り上げるわけにはできませんけれど、逃げられないなという気持ちにもなります。

＊政策の一部ではないかと思えるヘイトスピーチ

ヘイトスピーチは昔からありましたけど、いまは一部の人だけのものではなくなって、なにかこの国全体の、政策の一部みたいに思われるほどひどくなりました。政治家の中にはまるでヘイトスピーチと同じような発言が多く聞かれます。はっきり言えば杉田水脈さんのような人たちが今も生き残っています。その場を与えている政治に生きた心地がしません。悪夢です。

その状態に多くの人がさらされていて、おそらく日本の隅々にいる在日の若い人たちがヘイトスピーチにおびえて、ますます自分を隠して生きているにちがいないと考えると、どうすればいいのかと思います。

ですから指紋押捺拒否は、ある種の宣言でした。「私は在日朝鮮人です」という宣言です。その覚悟を決めて、私はこれから生きていくという宣言だったと思います。

その宣言が、ある人の胸にはちゃんと届いたなという手応えも確かに感じました。この社会の一部だったとしても、届いたことの喜びみたいなものを感じました。

ですから、絶望もしますけれども、希望もちゃんと持ち続けて行きたいし、今はそんな気持ちでここに立っています。

それでは最後にどの曲を弾こうかと思いましたが、ショパンのスケルツォの二番を弾きたいと思います。

先ほど申し上げたパデレフスキーはこの曲について、「これはまるで火山が噴火しているようだ」と表現しました。この曲の最初には「con fuoco」（コン・フォーコ）というショパンが書いていた言葉があります。この言葉はまさに「火山が噴火するように」「烈火のごとく」というふうに訳されています。やはり私たちは、自分の心の中に何かしらそういうエネルギーというか、炎というか、そういうものを持ち続ける。それが生きることなんだろうなというふうに思います。

この曲はそういう意味でも、ポーランドの歴史、ショパンの思いが出ている曲だと思います。

♪ ピアノ演奏——ショパン　スケルツォ3番

〔質疑応答〕

（Q）指紋押捺を拒否したことで再入国許可が得られず永住権が奪われ、生活基盤がある日本に帰られない。その時何を思いましたか。そのとき自分の気持ちを保つ原動力みたいなものは何でしたか。

（A）アメリカに渡ったのが二六歳のときでした。私は音楽大、音楽科にいましたが、それから三年間で出会った人たち、先生も留学生たちもみんな亡命者だったんです。私の先生はハンガリー・リスト音楽院で教授をされた方でしたけど、ユダヤ系ハンガリー人で亡命者でした。

そんなことは知らずに、その先生に習いたい一心で行きましたが、私が毎日のように会っ

ていた先生もユダヤ系ハンガリー人の先生で、その先生は自分の目の前で兄弟がナチスに殺されています。でも自分は生き延びられた。音楽家だけはナチスが見逃したんですね。戦場のピアニストでもそうですけど、自分は音楽家でしたと言うと、殺さなかったということが、ままあったそうです。

ベトナムから来たボートピープルのバイオリンの友だちもいます。彼は大変明るい人でした。フロリダ交響楽団に最終的に入りましたけれど、本当にボートに乗ってアメリカに渡って、ホストファミリーに迎えられて大学に来ていました。

ポーランド、中国、ロシアから、何人もの人が亡命者だったんです。そういう人と出会うことによって、在日というもの、あるいは子供のとき出会ったハルモニたち、自分の国を離れるときどんな思いだったのだろうと考えました。

亡命者のもう二度と帰れないかもしれないという不安、私自身も日本に帰って来られないかもしれないという状況の中にあったので、そういう想いを抱えてる人は、この世界中に多くいることを知りました。それが原動力でしょうか。

在日だということで再入国をいちいち取らなければならないとか、指紋押捺を拒否しただけで永住権がなくなる、こんなことがあり得るのかと、日本にいたときはすごく思いました。ところがショパンを勉強して、アメリカでいろんな人に出会うことで、国家というものはこういうことするということがわかり、その正体を見ることができたことで、続けられたのかなと思います。

（Q）一般の日本人は知らないところで、在日外国人は犯罪者並みの扱いを受けて指紋を採られてきました。しかし闘いによって、だんだん日本社会にもそれがわかってきた。さあこれで日本社会に人権意識が、どんどん広がっていくだろうと思った矢先、特に二〇一〇年代にヘイトスピーチというのが激しく起きた。

あの時代と今の時代を見て、日本社会が変わったのか変わらなかったのか、どう思いますか？

（A）変わったとも言えるし変わらなかったとも言えて、変わらなかった部分が噴き出しているという感じです。変わった人もいたし、その実感も持っているけれど、変わらないものはずーっと変わらない。ヘイトスピーチをする人たちに、ヘイトスピーチをする場を与えているのが今の政治だと思っているので、変わった変わらないと言うならば、政治がどんどんひどくなっている点かなと思っています。

アメリカのトランプもそうですけど、そういう政治家を欲している人たちがいるのは一体なぜかという思いが強くなっています。

（Q）ショパンが生きた背景がわかり一生懸命生きたんだなということも知りました。一八三〇年代というと日本では江戸後半ぐらいですね。そのころの音楽家はたくさんいるような気がしますが、どういう気持ちで生きていたのか、わかれば教えていただきたい。

（A）この時代、おそらく一八〇〇年代のお話かと思います。当時は、いわゆるロマン主義、ロマン派と言われていまして、自分たちの国の特有の音楽は何かということを作曲家たちはすごく追い求めていました。国としてのある種のアイデンティティみたいなものを確認しあうという音楽が続出しました。そのロマン主義は民族主義とも言えますけれど、大きい国によって奪われた土地を取り戻す、意識を取り戻すというところから出ていると思います。

ただ、現在の問題に引きつけて言うと、やっぱり音楽家だけでなく表現者、たとえば新聞記者にしても、絵を描く人も、発表する場がないと、描き続けたり演奏し続けることがほんとうに難しいんです。

コロナで演奏できなくなると、みんなもう鬱状態というか大変です。次の演奏会はいつで、みんなでこういうふうにしようと言いながらやってきたので、急にそれがパーンってなくなるとおかしくなっちゃうんです。自分の生活が断ち切られたようで、お金のことだけでなく。

それを逆に言うと、国家が喜ぶ音楽ってあるんですよ。たとえば演劇はすごくお金がかかるので、助成金がないと打てません。そうなると、国が否定するような作品を出すことができなくなって表現の場を奪われる。表現の場が奪われることは本当につらいことなので、戦争が始まったときに絡め取られていく。国家を批判しないで上手にその周辺を批判するとか、そうやって生き延びてきたのが音楽家かなと思います。

もっと言えば、この日本に、日本の政治家を批判する音楽家は数人しかいないんじゃないかと思います。ほとんど口にしません。

決めつけた言い方かもしれませんけど、やっぱり大企業の娘さんとかが、周りにはわりと多いです。考え方として、国を相手になにか批判的なことを言うことも感じられなくて、話ができない場合が多いです。

時々はもちろん、例えば天皇制に疑問を持っている音楽家もいますが、大変少ないように思います。

（Q）ショパンが好きな理由は？

（A）私はだいたい人気のある物や人を追いかけるが嫌いでして、いま一番人気のある誰々さんといわれたら、絶対にその人のことは見ないというちょっと変な性格なんです。（笑）

ところがピアニストにとってショパンは一位です。ですから私は、絶対にショパンは弾かない、弾いたとしても自分の専門にはしないということで、大学時代はロシアものを弾いていたんです。ラフマニノフやグラズノフとか。先生にもあなたには大陸の音楽が合うって言われて、そういう曲ばかりを弾いていました。バルトークとか、個人的に好きなのはブラームスです。

そういう曲をずっと弾いてきたんですけど、朝鮮半島の歴史とポーランドの歴史が、たいへん重なる部分が多いので、ショパンを弾き、話すことが多くなりました。

（日韓記者・市民セミナー　第三五回　二〇二二年八月二七日）

〔著者紹介〕

- 呉　充功（オ・チュンゴン）

1955年東京生まれ。在日二世の映画監督。関東大震災朝鮮人虐殺の実像を初めてドキュメンタリーでとらえた。映画制作を始めとする人権活動が高く評価されて、「チ・ハクスン正義平和賞」を受賞。2019年、江古田映画祭特別賞。

『隠された爪跡』（1983年）、『払い下げられた朝鮮人』（1986年）、『1923ジェノサイド　朝鮮人虐殺100年の歴史否定』（仮題:2023年公開予定）。

- 深沢　潮（ふかざわ・うしお　ペンネーム）

1966年東京都生まれ。父が一世、母が二世の在日コリアン小説家。

2012年、『金江のおばさん』で、第11回「女による女のためのR-18文学賞」大賞受賞。受賞作を含む連作短編集『ハンサラン 愛する人びと』(文庫で『縁を結うひと』に改題)でデビュー。『海を抱いて月に眠る』『かけらのかたち』『乳房のくにで』『翡翠色の海へうたう』『李の花は散っても』など著書多数。

- 崔　善愛（チェ・ソンエ）

1959年兵庫県生まれ、北九州市出身。ピアニスト。

20歳で指紋押捺を拒否、それにより米国留学の際に再入国が不許可となり特別永住資格を剥奪された。指紋押捺拒否裁判は「恩赦」となるがこれを「拒否」。「再入国不許可取消」訴訟は福岡高裁で違憲判決を闘い取るも最高裁で敗訴。参議院法務委員会での参考人意見陳述を経て原状回復した。

音楽CDの他に著書多数、舞台の音楽監督を務めるなど多方面で活躍する。明治学院大学、恵泉女学園大学、ルーテル学院大学等非常勤講師。日本ペンクラブ会員。

＊日韓記者・市民セミナー　ブックレット14＊

関東大震災朝鮮人虐殺から百年
問われる日本社会の人権意識

2023年11月15日　初版第1刷発行

著者：呉充功、深澤潮、崔善愛
編集・発行人：裵哲恩（一般社団法人ＫＪプロジェクト代表）
発行所：株式会社 社会評論社
東京都文京区本郷2-3-10
電話：03-3814-3861　Fax：03-3818-2808
http://www.shahyo.com
装丁・組版：Luna エディット .LLC
印刷・製本：株式会社 プリントパック

YouTube「KJテレビ」日韓記者・市民セミナー

動画配信　二〇二三年一〇月三一日現在（一部、韓国語字幕あり）
●印はブックレット収録済

●第1回　二〇一九年八月三日
関東大震災「朝鮮人虐殺否定」論反証　加藤直樹（作家）

●第2回　二〇一九年九月二五日
よく知らない韓国（人）を知ろう　権　鎔大（経営コンサルタント）

●第3回　二〇一九年一〇月一八日
特攻隊員として死んだ朝鮮人の慰霊事業　黒田福美（女優）

●第4回　二〇一九年一〇月二六日
JOCの不可解な動き　谷口源太郎（スポーツジャーナリスト）

●第5回　二〇一九年一一月二四日
北送事業60年の総括　菊池嘉晃（ジャーナリスト）

●第6回　二〇一九年一二月一二日
韓国ヘイトと対処法　香山リカ（精神科医）

●第7回　二〇一九年一二月一七日
在日二世の数奇な半生　尹　信雄（元民団倉敷支部団長）

●第8回　二〇二〇年二月一〇日
安倍政権の内政と外交　小池　晃（日本共産党書記局長）

●第9回　二〇二〇年二月二一日
南北韓と韓日関係の展望　平井久志（ジャーナリスト）

●第10回　二〇二〇年七月一日
虚構の「嫌韓」からの解放　澤田克己（毎日新聞論説委員）

●第11回　二〇二〇年七月一五日
川崎でのヘイトスピーチ攻防
石橋　学（神奈川新聞記者）

●第12回　二〇二〇年八月五日
在米コリアンと日系米人社会
金真須美（作家・大学講師）

●第13回　二〇二〇年八月二六日
多様性の中の在日コリアン
金村詩恩（作家・ブロガー）

●第14回　二〇二〇年九月二日
朝日新聞の慰安婦報道と裁判
北野隆一（朝日新聞編集委員）

●第15回　二〇二〇年九月一六日
平行線をたどる徴用工問題
殷　勇基（弁護士）

●第16回　二〇二〇年一〇月一六日
『評伝 孫基禎』の上梓とその後
寺島善一（明治大学名誉教授）

●第17回　二〇二〇年一〇月三〇日
復刻『関東大震災』の意義
高　二三（新幹社社長）

●第18回　二〇二〇年一一月一八日
キムチが食べられる老人ホーム・故郷の家
尹　基（社会福祉法人「こころの家族」理事長）

●第19回　二〇二〇年一一月三〇日
日本学術会議会員任命拒否問題の背景
纐纈　厚（明治大学特任教授）

●第20回　二〇二〇年一二月八日
差別と偏見の現場取材
安田浩一（ノンフィクションライター）

●第21回　二〇二一年四月二七日
『韓国ドラマ食堂』の話
八田靖史（コリアン・フード・コラムニスト）

●第22回　二〇二一年七月一四日
差別実態調査から見るヘイト
権　清志（朝鮮奨学会代表理事）

●第23回　二〇二一年一一月六日
映画『在日』上映と呉徳洙監督を語る　清水千恵子（映画『在日』スタッフ）

●第24回　二〇二一年一一月一九日
記憶を拓く「信州・半島・世界」　田中陽介（信濃毎日新聞編集局デスク）

●第25回　二〇二一年一二月一三日
外国人は「害国人」ですか―日本の「入管体制」を検証する　田中　宏（一橋大学名誉教授）

●第26回　二〇二二年一月一四日
歴史事実に介入する政府と「作る会」　鈴木敏夫（子どもと教科書全国ネット21事務局長）

●第27回　二〇二二年三月一一日
在日オペラ歌手が願う日韓関係　田　月仙（オペラ歌手）

●第28回　二〇二二年三月二六日
日韓関係の危機をどう乗り越えるか　日韓協約の不存在から考える　戸塚悦朗（弁護士）

●第29回　二〇二二年四月一六日
参議院選に出馬～誰もが大切にされる社会実現へ　金　泰泳（東洋大教授）

●第30回　二〇二二年五月一〇日
時務の研究者「姜徳相」関東大震災時の朝鮮人虐殺研究　山本すみ子（姜徳相聞き書き刊行委員会）

●第31回　二〇二二年六月二七日
絶望から希望を見出す　川崎桜本をめぐる　ふたつの物語　金聖雄（映画監督）

●第32回　二〇二二年七月九日
民族的連帯から見るインターナショナリズム 中野重治の朝鮮認識を手がかりに　廣瀬陽一（大阪公立大学客員研究員）

○第33回　二〇二二年七月一七日
在日コリアン研究40年を振り返る　朴　一（大阪市立大学名誉教授）

●第34回　二〇二二年八月三日
ヘイトスピーチ・ヘイトクライム根絶に向けて　師岡康子（弁護士）

●第35回　二〇二二年八月二七日
指紋押捺拒否からヘイトスピーチ根絶へ　ピアノ&トーク　崔　善愛（ピアニスト、週刊金曜日編集委員）

●第36回　二〇二二年九月一三日
「先生不足」が生んだ学校崩壊の現実　安倍「教育再生」路線がもたらしたもの　竹村雅夫（藤沢市議会議員）

●第37回　二〇二二年九月二二日
民主主義を壊す政治と宗教の癒着　旧統一教会の問題性　有田芳生（前参議院議員）

○第38回　二〇二二年一〇月七日
総連と民団の相克七十七年　竹中明洋（フリーライター）

●第39回　二〇二二年一〇月二三日
川越唐人揃いパレードの18年間の取り組み　朝鮮通信使の精神を現代に継承　江藤善章（実行委代表）

●第40回　二〇二二年一一月四日
浅川伯教・巧兄弟への敬愛と感謝　河　正雄（私塾清里銀河塾塾長）

●第41回　二〇二二年一二月一四日
キムはなぜ裁かれたのか　ＢＣ級戦争裁判　内海愛子（同進会を応援する会代表）

○第42回　二〇二三年一月一九日
朝鮮半島取材30年、現場で見た南と北　城内康伸（東京新聞編集委員・東アジア担当）

○第43回　二〇二三年二月一〇日
障害福祉の課題　金重政玉（元内閣府障がい制度改革推進会議政策企画調査官）

○第44回　二〇二三年三月一一日
ソウルから東京を歩く　「第九次朝鮮通信使の意義」　遠藤靖夫（21世紀の朝鮮通信使ウオークの会会長）

○第45回　二〇二三年四月一九日
旧世代とは一味違う在日三世の生き方　姜　龍一（作家）

○第46回　二〇二三年五月一五日
東洋医学の日韓交流―韓国伝統の「気」の体験　裵　晙映（鍼灸師）

●第47回　二〇二三年五月三一日
コリアンルーツの目から見た日本社会　深沢　潮（小説家）
○第48回　二〇二三年六月二四日
反ヘイトのロードマップを考えるために　金　展克（民団支部事務部長）
○第49回　二〇二三年七月二九日
尹東柱の愛と死の物語「星をかすめる風」を顕彰する　広戸　聡（俳優）
●第50回　二〇二三年八月七日
関東大震災朝鮮人虐殺から百年、歴史隠蔽を撃つ　呉　充功（映画監督）
○第51回　二〇二三年九月一五日
我が演劇人生を語る　金　守珍（劇作家）
○第52回　二〇二三年一〇月七日
アボジ孫基禎の生き様　金メダルから平和マラソンへ　孫　正寅
○第53回　二〇二三年一〇月二八日
次世代に伝える日本と朝鮮半島の話　羽原清雅（元朝日新聞西部本社代表）

第5号
東京２０２０　五輪・パラリンピックの顛末
——併録　日韓スポーツ・文化交流の意義
谷口源太郎／寺島善一／澤田克己　A5判　一〇四頁　本体九〇〇円＋税　二〇二一年九月一〇日発行
コロナ感染爆発のさなかに強行された東京五輪・パラリンピック。贈賄疑惑と「アンダーコントロール」の招致活動から閉幕まで、不祥事と差別言動があらわとなった。商業主義と勝利至上主義は「オリンピックの終焉」を物語る。

第6号
「在日」三つの体験
——三世のエッジ、在米コリアン、稀有な個人史
金村詩恩／金真須美／尹信雄　A5判　一〇四頁　本体九〇〇円＋税　二〇二一年一二月五日発行
三人の在日コリアンが実体験に基づき語るオムニバス。日本社会で在日三世が観る風景。在米コリアンと在日三世の出会い。日本人の出自でありながら「在日」として生き、民団支部の再建と地域コミュニティに力を尽くした半生を聴く。

第7号
キムチと梅干し—日韓相互理解のための講演録
権鎔大／尹基／八田靖史　A5判　一〇四頁　本体九〇〇円＋税　二〇二二年三月一〇日発行
互いにわかっているようで、実はよくわからない——そこを知る一冊。韓国文化と生活習慣の理解が在日高齢者の介護に不可欠だという「故郷の家」。韓国ドラマの料理から文化と歴史を探る。

第8号
歴史の証言—前に進むための記録と言葉
田中陽介／高二三／金昌寛、辛仁夏、裵哲恩、清水千恵子　A5判　九六頁　本体九〇〇円＋税　二〇二二年六月二八日発行
講演で紹介された信濃毎日新聞の特集は、誠実に歴史に向き合うことの大切さを教えてくれる。姜徳相著『関東大震災』復刻と、呉徳洙監督の映画『在日』は、前に向かって進むためのかけがえのない歴史記録。

第9号
千円札の伊藤博文と安重根
——入管体制、日韓協約、教科書検定から制度と社会を考える

田中宏／戸塚悦朗／鈴木敏夫

二〇二二年九月二七日発行

A5判　一〇四頁　本体九〇〇円＋税

外国人に対する入国管理と日本社会——、そこに現れる差別と排外主義の歴史をたどると、日本による勧告併合に行き着くという。安重根（アン・ジュングン）による伊藤博文銃撃事件と、今どのように捉えるか…。近現代の歴史を教える学校教育と教科書検定の現在を併せて検証する。

第10号
ヘイト・差別の無い社会をめざして
——映像、人権、奨学からの取り組み

金聖雄／師岡康子／權清志

二〇二三年一月二〇日発行

A5判　一〇四頁　本体九〇〇円＋税

ヘイトスピーチは単なる暴言や憎しみの表現ではなく、本質的に差別である。社会からこれを無くすための、川崎・桜本の映画制作、法と条例の限界を超えて進もうとする法廷闘争、在日の若者たちに対する差別実態調査など三つの取り組みを紹介する。

第11号
いま解決したい政治課題
——政治と宗教、学校崩壊、定住外国人参政権

有田芳生／竹村雅夫／金泰泳

二〇二三年四月一五日発行

A5判　一一二頁　本体九〇〇円＋税

政治に関わる三つの講演。一つ目は政治との癒着が明るみに出た旧統一教会の実体と問題性。二つ目は全国で起きている学校崩壊の現実。三つ目は日本に帰化して参政権を取得し参院選に立候補した在日二世の生き方。

第12号
日韓友好・多文化共生への手がかり
——過去に学び未来に向かう三つの形

田月仙／河正雄／江藤善章

二〇二三年六月一〇日発行

A5判　一〇四頁　本体九〇〇円＋税

絶賛を博した在日二世の創作オペラ『ザ・ラストクイーン』、植民地支配の時代に朝鮮の風俗と文化を愛した浅川伯教・巧兄弟、豊かな文化交流を実現した朝鮮通信使に光を当て、日韓友好・多文化共生への手がかりを考えます。

第13号
消してはならない歴史と「連帯の未来像」

廣瀬陽一／内海愛子／山本すみ子

二〇二三年八月一五日発行

A5判　一一二頁　本体九〇〇円＋税

日本と韓国・朝鮮の間には、未だ超えることができず、そして消してはならない歴史がある。国境を超えたインターナショナリズム、その連帯の未来像はどのようなものなのか？　関東大震災・朝鮮人虐殺から百年、友好と信頼への道を考えさせる講演録。

ブックレット創刊のことば

日韓関係がぎくしゃくしていると喧伝されています。連日のように韓国バッシングする夕刊紙、書店で幅を利かせる「嫌韓」本、ネットにはびこる罵詈雑言。韓流に沸いた頃には考えられなかった現象が日本で続いています。その最たるものが在日を主なターゲットにしたヘイトスピーチです。

一方の韓国。民主化と経済成長を実現する過程で、過剰に意識してきた、言わば目の上のたんこぶの日本を相対化するようになりました。若い世代にすれば、「反日」は過去の遺物だと言っても過言ではありません。支持率回復を企図して政治家が「反日」カードを切るパフォーマンスも早晩神通力を失うでしょう。

ことさらに強調されている日韓の暗の部分ですが、目を転じれば明の部分が見えてきます。両国を相互訪問する人たちは二〇一九年に一〇〇〇万人を超え、第三次韓流は日本の中高生が支えていると知りました。そこには需要と供給があり、「良いものは良い」と素直に受け入れる柔軟さが感じられます。

コリア（K）とジャパン（J）の架け橋役を自負するKJプロジェクトは、ユネスコ憲章の前文にある「相互の風習と生活を知らないことは、人類の歴史を通じて疑惑と不信をおこした共通の原因であり、あまりにもしばしば戦争となった」「戦争は人の心の中で生まれるものであるから、人の心の中に平和のとりでを築かなくてはならない」との精神に立脚し、日韓相互理解のための定期セミナーを開いています。

このブックレットは、趣旨に賛同して下さったセミナー講師の貴重な提言をまとめたものです。食わず嫌いでお互いを遠ざけてきた不毛な関係から脱し、あるがままの日本人、韓国人、在日の個性が生かされる多文化共生社会と、国同士がもめても決して揺るがない市民レベルの日韓友好関係確立を目指します。

二〇二〇年八月

一般社団法人KJプロジェクトは、会費によって運営されています。日韓セミナーの定期開催、内容の動画配信、ブックレット出版の費用は、これにより賄われます。首都圏以外からも講師の招請を可能にするなど、よりよい活動を多く長く進めるために、ご協力をお願いします。

会員登録のお問い合わせは、

▶ KJプロジェクトメールアドレス　cheoleunbae@gmail.com へ